LE CHEMIN DE TRANSFORMATION D'UNE
JEUNE PATIENTE EN
THÉRAPIE DE RÉGRESSION

GUÉRIR
DE SES
BLESSURES INTÉRIEURES
PROFONDES

Dr. PETER MACK

AVANT-PROPOS D'ANDY TOMLINSON

Publié par : From the Heart Press
Première publication en Anglais : Septembre 2011
Première publication en Français Mai 2014
Website: www.fromtheheartpress.com

Text copyright: Peter Mack
Titre original : *Healing the Deep Hurt Within*
ISBN: 978-0-9572507-5-8

Tous droits réservés. Excepté pour citations de brefs paragraphes dans des articles ou revues critiques, aucune partie de ce livre ne peut être reproduite d'aucune façon sans la permission préalable des éditeurs.

Les droits de Peter Mack en tant qu'auteur ont été établis conformément au Copyright, Designs and Patents Act 1988.

Un enregistrement de ce livre au CIP (Cataloguing-in-Publication) de la British Library est disponible.

Traduction : Michèle Chouan - Email: michele@coach2inspire.com

Design : Ashleigh Hanson - Email: hansonashleigh@hotmail.com

Pour contacter Peter Mack - email : dr02162h@yahoo.com.sg.

Table des matières

Avant-propos	
Introduction	1
Chapitre 1 : Besoin extrême	7
Chapitre 2 : Blocage	19
Chapitre 3 : Prisonnière	27
Chapitre 4 : S'ouvrir au changement	35
Chapitre 5 : Mémoire refoulée	43
Chapitre 6 : La voix intérieure	53
Chapitre 7 : Les profondeurs du désespoir	65
Chapitre 8 : Sentiment de vide	79
Chapitre 9 : Impuissance et peur	89
Chapitre 10 : Le combat pour se souvenir	103
Chapitre 11 : Relever le défi	121
Chapitre 12 : Progrès majeur	141
Chapitre 13 : Travail inachevé	157
Chapitre 14 : Le lien clé	175
Chapitre 15 : La Transformation	187
Epilogue	197
Appendice	199
Glossaire	201
Bibliographie	203
Associations de Thérapie de Régression	209
A propos de l'Auteur	213

Avertissement

Ce livre n'a pas pour intention de rendre sensationnels l'hypnose et la thérapie de régression, ni de les promouvoir en tant que "cure miracle". L'Auteur accepte l'idée que l'hypnothérapie et la thérapie de régression sont des thérapies complémentaires et ne remplacent pas la pratique de la médecine traditionnelle. Le cas de chaque patient est unique et mérite une attention individuelle. De même, ceux qui ont pour profession d'aider les autres et se trouvent en situation d'assister des patients qui vivent des expériences traumatiques devraient consulter le corps médical, si et quand le besoin de soins médicaux survient.

Remerciements

Apprendre de l'expérience est une pratique vieille comme le monde. Nous apprenons tous de précieuses leçons de ceux qui peuvent nous communiquer leur histoire et relier leur expérience à la nôtre. C'est pourquoi, je suis extrêmement reconnaissant envers ma patiente Petrina (pseudonyme), pour son courage et son enthousiasme à partager les détails de son expérience thérapeutique avec les lecteurs. Elle souhaite que ce qu'elle a appris sur son chemin de transformation soit partagé avec d'autres patients se trouvant dans des situations similaires et serve de source d'inspiration.

Tous les personnages de ce livre ont un pseudonyme. De plus, leur caractéristiques personnelles ont été changées pour protéger leur identité. Je voudrais exprimer mes remerciements à tous ceux qui ont permis de faire de ce livre une réalité :

- Soeur Susan Loh et Soeur Tan Siok Bee - infirmières, pour leur soutien et encouragement
- L'équipe d'infirmières de G Clinic pour leur permission et soutien dans l'utilisation de la consultation externe lors de cette thérapie.
- Dr Vikram Jaisinghani et Dr Darren Koh pour avoir lu la première version de ce livre et avoir fourni des suggestions constructives de modifications.
- Dr Ng Han Seong, Président du Conseil Médical, et Ms. Tan-Huang Shuo Mei, Directeur de la Communication, qui ont permis l'utilisation du nom du Singapore General Hospital comme environnement de fond de cette histoire.

- Dr Ong Biauw Chi et Ms Serene Wong qui ont fourni des conseils déontologiques du point de vue du cadre règlementaire du Conseil Médical de Singapour.
- Ms Elizabeth Choo Mei Yue du SingHealth Legal Office pour les conseils juridiques.

Avant-propos

J'ai rencontré Peter pour la première fois en 2009, quand il suivait la formation en thérapie de régression que je donnais à Singapour. Je n'aurais alors jamais pensé que ce médecin hautement respecté deviendrait un collègue et thérapeute si talentueux, qui allait introduire la thérapie de régression au monde médical de Singapour. Il a ensuite collaboré à l'un de mes livres, *Transforming the Eternal Soul (Transformer l'Ame Eternelle)*, avec la rédation d'un chapitre sur l'utilisation de la thérapie de régression dans la pratique médicale. C'est pourquoi je suis fier d'apporter mes commentaires à son premier ouvrage sur le sujet.

La thérapie de régression et l'hypnose ont été utilisées dans toutes sortes de psychothérapies pendant de nombreuses années - de manière directe ou indirecte. Le simple fait de demander à un client de porter son attention vers l'intérieur de soi le conduit en transe hypnotique. De même, si l'on demande à un client de nous dire ce qui s'est passé à l'époque où son problème a commencé, une régression toute simple a lieu. Gérer une libération cathartique des mémoires corporelles bloquées à la suite d'un traumatisme sévère, procéder à une transformation et intégrer l'expérience dans la vie actuelle du client demande beaucoup plus de qualifications. L'hypnose est maintenant largement acceptée en tant qu'outil thérapeutique dans de nombreux pays - dès 1955, elle était acceptée par la British Medical Association comme un outil médical précieux et en 1958 par l'American Medical Association. La thérapie de régression, qui combine hypnose et techniques de régression en provenance d'autres psychothérapies a été plus lente à être acceptée par le corps médical. C'est peut-être parce que les thérapeutes de régression qui respectent l'expérience intérieure de leurs clients, peuvent se retrouver dans la situation de faire face à ce qui ressemble à des vies passées ou des rencontres spirituelles. L'environnement culturel ou la peur de travailler en dehors des limites traditionnelles peut avoir contribué à cette lente évolution. Cependant, au fur et à mesure que les professionnels médicaux constatent la résolution rapide de problèmes pour eux-mêmes ou leurs patients, les mentalités évoluent.

Pour maintenir des normes éthiques et de qualité, j'ai créé une association pour mes diplômés en thérapie de régression, l'Association de Thérapie de Régression Spirituelle *(Spiritual Regression Therapy Association - SRTA)*, et, en conjonction avec les écoles de pointe en thérapie de régression, une norme internationale commune a été créée au travers d'une organisation appelée l'Association Earth de Thérapie de Régression (*Earth Association of Regression Therapy*). Ce mouvement s'est rapidement étendu à travers le monde. En être un des co-fondateurs m'a donné l'opportunité de contribuer en étant associé à la mise en place d'un groupe de travail couvrant l'accréditation de nouveaux instituts de formation. Ces associations regroupent des thérapeutes de régression d'origines variées, incluant des psychothérapeutes et de plus en plus de psychologues cliniques, de psychiatres et de médecins. Tous partagent la même expérience du pouvoir thérapeutique de cette approche.

Ce livre relate l'histoire captivante d'une des patientes de Peter. Elle était sévèrement traumatisée à la suite d'évènements qui l'ont laissée émotionnellement handicapée, se sentant abandonnée et suicidaire.

La médecine traditionnelle n'ayant pu la guérir, cette histoire émouvante relate le dévouement de Peter pour l'aider en faisant appel à l'hypnose et à la thérapie de régression. Peter partage ses doutes, ses progrès et sa joie au fur et à mesure qu'il guide sa patiente sur son chemin thérapeutique jusqu'à sa guérison complète. Ceci est un témoignage de la détermination résolue de Peter alors qu'il était par ailleurs occupé dans sa pratique de médecin hospitalier à plein temps. En tant que lecteur, vous serez emporté dans un tourbillon d'émotions tout en appréciant une histoire haletante.

Andy Tomlinson
Directeur d'Etudes – Past Life Regression Academy
Juillet 2011

Introduction

Bonjour obscurité, ma vieille amie,
Je suis encore venu discuter avec toi.
– Paul Simon

Aider les personnes dans le besoin apporte de la joie. Réaliser que la personne que vous avez aidée peut maintenant aider les autres est une joie encore plus grande. Ceci, en substance, est ce qui m'a motivé à écrire ce livre.

Il y a des décennies, il n'y avait pas de distinction entre les concepts de "guérison", qui appartenait au domaine plus flou des émotions et de la spiritualité, et de "traitement clinique", qui avait trait au domaine plus contrôlé et technique de l'expertise médicale. Cependant, tandis que les progrès médicaux avaient tendance à pencher vers la science et la technologie, les choses évoluèrent.

J'ai grandi dans un environnement scientifique et ai eu pas mal d'opportunités durant ma carrière médicale dans des domaines où l'on corrige les dysfonctionnements humains. Après mon diplôme, j'ai été attiré par la chirurgie parce que cette discipline devait m'apporter le talent particulier de corriger les pathologies anatomiques. La science de la médecine m'a captivé pendant les nombreuses années qui ont suivi. Néanmoins, après trente ans de pratique clinique, j'ai ré-examiné le modèle des causes de la maladie et j'ai eu le sentiment que quelque chose manquait. Chaque fois que je me trouvais en face de patients présentant des symptômes inexplicables par le modèle médical, le vide dans nos connaissances devenait de plus en plus évident.

En médecine conventionnelle, l'approche diagnostique en ce qui concerne les symptômes inexplicables a été typiquement d'envelopper le problème dans un déguisement terminologique.

Nous avons tendance à utiliser largement des étiquettes cliniques comme "syndrome", "idiopathique" ou "désordre fonctionnel" dans de tels cas. En revanche, un grand silence règne quant à savoir si l'utilisation de ces étiquettes contribue à établir de nouvelles connaissances ou à nous rendre plus compétents pour aider nos patients à aller mieux.

La médecine traditionnelle enseigne que toutes les maladies tombent dans une ou plusieurs catégories physiques comme : inflammatoire, génétique, vasculaire, dégénérative, hormonale, infectieuse, néoplasique ou immunologique. A l'opposé, le stress émotionnel est traditionnellement considéré comme ne faisant pas partie de la liste. Au mieux, il est relégué dans la catégorie des déclencheurs, mais pas comme facteur étiologique. Ceci parce que la guérison en médecine moderne est considérée largement comme un phénomène biologique. Peu de praticiens sont préparés à explorer la possibilité d'utiliser le pouvoir des pensées, des émotions et des sentiments pour influencer la santé physique.

Faire levier sur les émotions et les pensées pour déclencher une guérison implique l'accès à l'inconscient. Milton Erickson, le père de l'hypnothérapie moderne, a dit que la majorité de la vie d'un individu est déterminée inconsciemment. Et pourtant, l'inconscient n'est pas nécessairement immuable. Le but d'une psychothérapie dynamique est en fait de rendre l'inconscient du patient plus accessible à la conscience. Nous réalisons que la valeur ajoutée de la psychothérapie repose sur la capacité d'un individu à changer. Ce qui est moins mis en évidence, est le fait que ce changement est accompli de la manière la plus efficace dans l'état de transe hypnotique quand le patient examine ses schémas inconscients, ses valeurs et ses cadres de référence. Guérir quelqu'un c'est lui rendre sa bonne santé sur tous les plans. Bien que ma carrière médicale ait été centrée largement sur la pratique de la chirurgie, j'ai étudié en privé l'hypnothérapie. Mon intérêt pour l'inconscient m'a poussé à explorer la restauration de la santé par un autre moyen.

L'hypnose permet l'accès direct à l'inconscient du patient. On a remarqué que dans bien des situations où la médecine traditionnelle n'a pas de solution à offrir, les patients ont pu se guérir en puisant dans le pouvoir de leur expérience en état de transe hypnotique. La transe est l'état d'esprit dans lequel l'hypnose a lieu. C'est un état modifié de conscience, dans lequel changements et apprentissages sont facilités. J'utilise le terme de "transe" comme synonyme de "en état d'hypnose" dans ce livre. La capacité d'entrer en transe est un atout valable pour la thérapie. En état de transe, nous pouvons puiser dans le pouvoir de l'inconscient pour retrouver des apprentissages oubliés, générer des changements et construire de nouveaux modèles de conduite pour rétablir santé et bien-être.

L'hypnose a le pouvoir extraordinaire de faciliter toutes sortes de stratégies thérapeutiques. La clé de son efficacité dépend largement de sa capacité à mobiliser l'engagement et la motivation du patient. Entrer simplement en état hypnotique peut apporter relaxation et réduire le stress, mais cela peut aussi aider à accélérer l'impact de la psychothérapie.

Ce livre est l'histoire vraie d'une jeune patiente dont le traumatisme émotionnel et la détresse psychologique ont été traités à l'aide de la thérapie de régression hypnotique en milieu hospitalier. La médecine traditionnelle nous enseigne que les patients qui sont malheureux, démunis et sans espoir sont à la triste extrémité d'un processus de maladie mentale qui requiert des soins médicamenteux. Cependant, mes études en hypnose m'ont appris à voir la dépression autrement. Je préfère l'envisager comme le début d'un processus de développement de conscience de soi. Avec une telle perspective, les patients concernés peuvent bénéficier d'un traitement hypnotique prenant en compte leur psychisme et leurs symptômes physiques. Mieux encore, leurs symptômes peuvent être utilisés comme des opportunités dans le processus thérapeutique, plutôt que d'être vus comme des obstacles. Remplacer les expériences négatives par des schémas qui impacteraient de manière positive l'humeur, le mode de pensée et le comportement des patients est le but ultime de cette forme de thérapie.

L'hypnothérapie contient une large palette de techniques et méthodes qui ont un concept en commun : l'idée que les individus ont souvent plus de capacités qu'ils ne le réalisent consciemment. La régression est une technique qui peut être utilisée avec succès avec les patients qui ont des difficultés émotionnelles chroniques à la suite d'expériences négatives passées. J'ai largement utilisé la thérapie de régression avec la patiente de ce livre, et le résultat clinique positif, ainsi que la transformation qui s'en est suivie constitue le sujet essentiel de cet ouvrage.

Plusieurs leçons ont été apprises du chemin de transformation de cette patiente. En premier lieu, une thérapie réussie demande une grande attention, qui équivaut bien souvent à une grande attention personnelle à son patient. Deuxièmement, les états dépressifs peuvent être très enfermants. Le sentiment de tristesse oppresse le psychisme, pèse sur le corps et assombrit l'esprit. Les patients dépressifs peuvent avoir peur du vide existentiel, parce que cela les ramène à un sentiment de solitude. Lorsqu'ils vivent des crises ou des traumatismes émotionnels, ils ont besoin de comprendre qu'ils peuvent contribuer à leur guérison par leur engagement actif et créatif. Troisièmement, une façon efficace de dissiper un état dépressif est d'utiliser une thérapie d'expression, que ce soit par l'écrit ou le dessin. La thérapie d'expression permet aux patients d'activer ou de mobiliser leurs ressources intérieures et de faciliter la mise en oeuvre de leur esprit créatif, afin de faire émerger le processus central de guérison.

La quatrième leçon que j'ai apprise est qu'il y a un moment propice pour le thérapeute pour communiquer ses inquiétudes à son patient et un moment propice pour lui offrir son aide. Obtenir du patient émotionnellement traumatisé, un historique clinique demande plus de temps et de patience qu'avec n'importe quelle autre catégorie de patients médicaux. Alors que l'on procède à la collecte des éléments constitutifs de la crise de vie durant une régression, une part très importante de la thérapie est de susciter l'espoir. On doit apprendre à parler plus quand les patients sont sur la bonne voie et rester silencieux quand ils sont bouleversés. Enregistrer les réponses observées et les analyser régulièrement est fondamental pour dynamiser la thérapie. En bref, apprendre et traiter sont inséparables dans le processus thérapeutique.

Cinquièmement, le pardon court-circuite le chagrin, apporte la paix intérieure et rétablit la santé physique. Il demande de lâcher prise et constitue un alcali puissant qui neutralise l'acidité de la colère, de la haine et de l'amerturme. Les forces du pardon sont latentes et se manifestent durant une épreuve, lorsque nous trouvons des forces insoupçonnées en nous. Parfois, une transformation spontanée a lieu. De bien des façons, le pardon est la clé de voute de la guérison de nos blessures intérieures.

Enfin, dans l'apprentissage thérapeutique, nous devons valoriser les temps difficiles autant que les périodes d'avancées. Nous nous servons des difficultés des patients pour les faire évoluer, au lieu de promettre la disparition pure et simple des problèmes. Durant les périodes sombres, la confusion permet une créativité propre à obtenir plus de clarté sur la solution à apporter au problème.

J'ai écrit ce livre avec trois types de lecteurs en tête : premièrement, le thérapeute, qui pourrait trouver que cette histoire résone avec son expérience clinique, deuxièmement, le médecin qui a une affinité avec les thérapies alternatives comme complément possible à la médecine moderne, et troisièmement, le patient, qui recherche désespérément des options de traitement alternatif, quand les thérapies médicamenteuses se sont avérées insuffisantes dans sa situation.

Chapitre Un

Besoin extrême

La compassion commence par une attention totale, grâce au sens du contact. Nous avons à voir la personne, vraiment. Si nous regardons la personne, alors naturellement, l'empathie survient. Si nous nous connectons à l'autre personne, nous ressentons avec elle. Si l'empathie survient et si la personne est dans un besoin extrême, alors l'inquiétude empathique peut se produire. Nous voulons aider la personne, et c'est là que commence l'acte de compassion.

– Daniel Goleman

La sonnerie du téléphone retentit. C'était le milieu de la matinée du mercredi 24 novembre 2010, et je faisais mes visites du matin à la consultation externe. Je décrochai et entendis la voix de l'infirmière Soeur Beatrice[1].

"Bonjour, Dr Mack," commença-t-elle, de son ton de voix flegmatique comme à l'habitude. "Nous avons une patiente qui a besoin de votre aide en salle de neurologie."

Soeur Beatrice était une infirmière expérimentée, attachée au département de Neurologie. Dynamique et innovatrice, elle avait été très occupée les derniers temps, car elle était en train de terminer le troisième cycle de ses études d'infirmière. Nous avions partagé avec enthousiasme la pratique de l'hypnothérapie les deux dernières années. Cependant, à cause de son récent engagement

---

[1] Les infirmières ne sont pas des religieuses, mais portent le titre de "Soeur", comme dans le système anglais (*ndt*)

envers ses études, elle s'était mise à demander mon aide pour certains de ses patients. Je ne fus donc par surpris de son appel.

"En fait, il s'agit d'une personne de l'équipe du Département d'Ophtalmologie," dit-elle. "Elle s'est évanouie au travail et a des problèmes émotionnels très sérieux liés à sa vie professionnelle et privée. Elle était auparavant une personne exceptionnelle dans son travail, mais maintenant elle a des problèmes avec sa supérieure hiérarchique. Elle est tellement affaiblie émotionnellement que je pense que nous devons l'aider. Les médecins du département ont fini le tour de la salle et lui ont demandé de partir. Je pense qu'elle a besoin d'un arrêt maladie pour se reposer chez elle et se faire soigner. J'en ai fait part à l'interne et ai demandé à la patiente de vous voir rapidement après sa mise en congé. Est-ce possible pour vous ? "

C'était le style habituel de communication de Soeur Beatrice. Elle a une façon bien à elle de persuader les gens de faire des choses et d'aller dans des directions inexplorées. Le problème clinique décrit au téléphone ne ressemblait pas à ceux pour lesquels Soeur Beatrice faisait habituellement appel à moi pour de l'hypnothérapie. Il y avait une trace d'anxiété dans sa voix et une certaine inquiétude à propos de la patiente. Cela n'était pas surprenant. Ces derniers temps, Soeur Beatrice avait une réputation de Miss-je-répare-tout pour tous les problèmes sociaux et émotionnels du Département de Neurologie.

Je n'ai jamais refusé une demande de Soeur Beatrice. Comme j'étais encore occupé avec ma consultation du matin, je lui ai demandé de passer mon numéro de portable à la patiente et de lui dire que je passerais la voir un peu plus tard.

A la fin de ma consultation en fin de matinée, je me suis dirigé vers le département des patients hospitalisés. D'humeur rêveuse, j'eus l'intuition que j'allais faire face à un gros challenge. Alors que j'entrai dans la Salle de Neurologie, je fus salué poliment par un infirmier.

"Bonjour Monsieur, êtes-vous le Dr Mack ?

"Oui." approuvai-je. "Je suis venu voir une patiente qui m'a été référée par Soeur Beatrice."
"Oh, elle est juste partie pour un électro-encéphalogramme. Voudriez-vous la rejoindre là-bas ? C'est juste un peu plus loin dans le couloir."
"Pas de souci. Je reviendrai plus tard." lui dis-je avec un sourire.
"Certainement. C'est une jeune fille et vous pourrez la trouver lit 25/7."
Une jeune fille... hmmm... J'étais intrigué ! Je m'étais honnêtement attendu à me trouver face à une femme d'âge moyen en pleine crise de la quarantaine !

Une heure plus tard, j'étais de retour et rencontrais la patiente pour la première fois. Son prénom était Petrina. C'était une jeune femme très douce avec de long cheveux bruns, des yeux bruns et un menton pointu assorti de fossettes sur les joues. Elle avait 25 ans et un visage en amande. Elle était vêtue du pyjama turquoise de l'hôpital et assise sur son lit, elle sanglotait silencieusement..

Alors que je m'approchais, je notais tout de suite la fragilité et la malnutrition. En effet, son poids était de seulement 35 kgs à ce moment-là. Ses cheveux arrivaient à hauteur des omoplates et la raie de ses cheveux placée côté gauche faisait tomber un rideau de cheveux sur le côté droit de son front et de son visage. Derrière les mèches de cheveux éparpillées, je distinguais des larmes coulant sur ses joues. Elle était dans un état de stupeur et semblait accablée par le chagrin. Il était évident qu'elle traversait une crise émotionnelle.

Je me présentai et notai qu'elle avait à peine l'énergie de me serrer la main. A travers le brouillard de ses yeux, je sentai des émotions d'angoisse alors qu'elle luttait pour démarrer un dialogue avec moi. Je me sentis soudain le coeur lourd.

Je tirai une chaise et m'assis près de son lit. Elle parla doucement, mais de manière intelligible. Elle travaillait dans le Département d'Ophtalmologie comme réceptionniste pour les patients et s'était évanouie dans le bureau de sa Directrice le jour précédent. L'équipe d'urgence l'avait prise en charge, l'avait transportée aux Urgences et faite admettre ensuite dans le Département de Neurologie pour une recherche plus poussée. Elle confirma que Soeur Beatrice lui avait longuement parlé des options de traitement et lui avait donné mon numéro de téléphone. Pendant que j'écoutais, je notai sa mine pâle, fatiguée et abattue. Un appel au secours désespéré émergeait de son teint uni. Elle commença à parler de ses symptômes, mais à mon désarroi, sa mémoire était faible et son histoire décousue. De plus, son récit était ponctué de sanglots. Il s'avérait difficile pour elle de juste raconter ses symptômes.

De ce que je compris, elle venait d'un milieu Bouddhiste. Elle avait un mariage très malheureux, avait subi trois avortements et devait travailler dur pour payer les dettes grandissantes de son mari. Elle souffrait de maux de tête violents depuis, avait sombré dans la dépression et commençait à perdre la mémoire. Il lui arrivait également des épisodes de perte de conscience. Elle se souvint que ses premiers évanouissements remontaient à janvier 2010. Ces épisodes étaient toujours soudains, imprévisibles précédés d'un bruit de sonnerie dans les oreilles, de vertiges et de nausées. Elle s'était rendue aux urgences à de nombreuses reprises pour ces évanouissements, mais elle n'allait pas mieux.

Pour obtenir une meilleure chronologie de sa maladie, je consultai les dossiers informatiques de l'hôpital. Petrina avait consulté les urgences de l'Hôpital Général de Singapour (SGH) en octobre 2010. Il était noté qu'elle avait fait une syncope après le déjeuner et avait été envoyée aux urgences par les Ressources Humaines. Elle s'était sentie étourdie, avait eu des acouphènes et de fait, avait perdu conscience. Heureusement, elle avait été rattrapée à temps par un de ses collègues qui avait prévenu sa chute. Au moment de l'incident, elle était à la fin de ses règles. Comme le scanner de la tête montrait des résultats normaux, elle avait rejeté l'idée d'être hospitalisée pour des recherches plus poussées.

Elle s'était évanouie à nouveau le 4 novembre et avait éprouvé des difficultés respiratoires cette fois-ci. Elle avait été examinée aux urgences de l'Hôpital Général de Changi (CGH). Apparemment, elle avait souffert d'un épisode d'infection respiratoire durant la semaine précédente et à nouveau n'avait pas envie d'être hospitalisée. Pendant qu'elle faisait la queue pour payer sa consultation, elle s'était à nouveau évanouie. Elle avait alors changé d'avis et avait été admise à l'hôpital. Elle était sortie du CGH, après avoir passé la nuit en observation avec le diagnostic qu'il s'agissait probablement d'un malaise dû à la grippe.

Juste avant cette admission, elle s'était évanouie au travail à un moment où la consultation battait son plein. Quelques secondes avant de s'écrouler, elle se souvient d'une voix masculine lui parlant : "Hé, Petrina, tu es trop fatiguée, il est temps pour toi d'aller dormir et ne te réveille pas." Elle avait perdu connaissance tout de suite après, provoquant une commotion sur son lieu de travail. Lorsqu'elle fut transportée aux urgences, il fut noté que son rythme cardiaque était très rapide, 173 battements par minute. En même temps, elle éprouvait une pression douloureuse dans la poitrine. Le médecin de garde aux urgences, ne se sentant pas à l'aise avec la syncope, la fit admettre en Neurologie pour une recherche plus poussée.

Durant la visite ce matin-là, l'équipe de Neurologie décida qu'elle allait suffisamment bien pour rentrer chez elle et retourner au travail. Ceci sembla irriter Soeur Louise, l'infirmière responsable du département.

Apparemment, pendant sa tournée un peu plus tôt, Soeur Louise avait repéré les émotions profondes par lesquelles passait Petrina. Elle informa l'interne, Dr Shanti, que Petrina avait besoin d'une attention toute particulière et indiqua que la nature du problème n'était ni neurologique, ni psychiatrique. Sa perception était que la patiente était profondément traumatisée et avait besoin d'un congé maladie longue durée pour s'en sortir. Cependant, le Dr Shanti ne fut pas d'accord avec cette suggestion. Après tout la patiente ne présentait aucun signe de problème à l'examen physique, radiologique ou de laboratoire pour justifier d'un congé maladie longue durée. En l'absence de recommandation formelle d'un médecin plus expérimenté dans une spécialité adequate, elle pensait que c'était une trop grosse responsabilité pour elle de décider d'un congé maladie longue durée.

Soeur Louise avait une longue expérience d'infirmière en Neurochirurgie dans une autre hôpital, avant d'arriver au SGH, et elle n'était pas le genre de personne à céder facilement. Elle comprenait de son expérience clinique que les personnes ayant des malaises vagues avaient des difficultés émotionnelles sous-jacentes et Petrina entrait dans cette catégorie. Si aucun des médecin du département n'était disposé à offrir son aide, elle n'hésiterait pas à chercher de l'aide extérieure. Soeur Beatrice vint rapidement à son secours et parla à Petrina. Cependant, comme elle devait reprendre sa formation bientôt, elle n'allait pas être disponible pour s'occuper de Petrina à plus long terme.

En plein milieu de mon interaction avec Petrina, celle-ci s'interrompit soudain : "Oh, je suis désolée ! Mon frère est ici pour me voir. " Un jeune homme bien habillé et portant un badge se tenait derrière moi.

La visite de midi venait de commencer. Le frère de Petrina travaillait au Département des Ressources Humaines à un poste de direction. Son bureau n'était pas loin et il avait profité de cette proximité pour venir rendre une visite à sa soeur. Je m'éclipsais discrètement en assurant Petrina que nous reprendrions cette conversation plus tard dans l'après midi.

Je revins en Neurologie à 15h30. A ma grande surprise, Petrina avait retrouvé son sang-froid et son teint était très différent. Ses cheveux étaient coiffés, elle avait séché ses larmes et poudré son visage. Cette fois-ci, elle me salua gracieusement d'un sourire et semblait plus consciente de son environnement. Elle pût me raconter son histoire de manière plus cohérente cette fois-ci.

Petrina avait subi trois avortements, en 2006, 2009 et 2010. Elle avait mis fin à sa grossesse en 2006, juste avant de se marier. A cette époque, Joshua, son futur époux, et elle avaient décidé qu'ils n'étaient prêts ni financièrement, ni socialement pour élever un enfant. Peu après leur mariage, elle avait réalisé que son mari n'était pas la personne responsable dont elle avait rêvé. Le symptôme de douleur lancinante dans la tête avait commencé alors qu'elle commençait à peine à construire une famille. Elle se rendit compte aussi que ses symptômes s'aggravaient à chaque fois qu'elle écoutait de la musique.

En 2007, son mariage commença à aller mal. Joshua travaillait en tant que responsable de la gestion d'une bijouterie, et un an après le mariage, il exprima le désir de continuer ses études. Il voulait obtenir un diplôme de gestion d'affaires et avait besoin d'argent. Petrina de son côté, travaillait dans un salon de beauté. Elle était ambitieuse, confiante en elle et devint bientôt responsable d'un département dans cette activité de beauté. Cependant, elle devait travailler très dur tous les jours de la semaine, s'occupant de la gestion des appels et des ventes. En plus de son salaire de base de 2 100 $ Singapour, ses commissions pouvaient s'élever jusqu'à 5 000 $. Cependant, elle devait financer les études de son mari, ainsi que toutes les factures de ses dépenses extravagantes. La dépression commença à s'installer alors que ses finances devinrent problématiques. Elle se mit à perdre le sommeil. Elle avait naturellement un sommeil léger, mais la privation de sommeil des trois dernières années finit par se faire sentir cruellement. De fait, elle se trouva de plus en plus fatiguée, le matin au réveil.

Je regardais l'expression de son visage alors que j'écoutais son histoire. Derrière le masque d'élégance, je percevais un mélange de chagrin et de douleur qui filtrait, tandis qu'elle parlait.

En 2009, elle subit son second avortement et entra en état de dépression aiguë, à la suite de cela. "J'entends un enfant qui me parle : Où est Maman ?" dit-elle dans un sanglot. "Est-ce une vraie voix que vous entendez ?" demandais-je avec curiosité.

"Oui, c'est une voix, mais la fréquence de ses apparitions a diminué après que j'ai pris des médicaments," répondit-elle.

Elle n'osait pas parler de ses avortements à sa famille, particulièrement sa mère. Sa mère avait aussi fait une dépression durant les vingt dernières années et son problème s'était déclaré à la suite de l'échec de son propre mariage. Apparemment, sa mère avait divorcé et s'était remariée. Son père, lui, vivait maintenant avec une de ses tantes maternelles. (Fig. 1).

Fig. 1: Généalogie – Dépression dans la famille

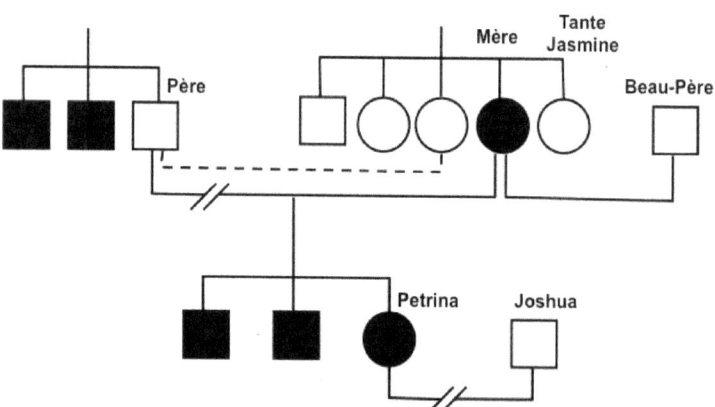

Alors que sa santé se détériorait, Petrina ne put bientôt plus assurer son rythme de travail effréné au salon de beauté. Elle donna sa démission et décida de travailler dans le secteur de la santé, comme réceptionniste pour un salaire de seulement 1 300 $ par mois.

En même temps, la culpabilité liée aux avortements la dévorait. En janvier 2010, elle commença à avoir des évanouissements. Cela démarrait par un bourdonnement dans les oreilles, comme signe avant-coureur, suivi immédiatement par une perte de conscience qui pouvait durer de quelques minutes à une demi-heure. Chaque épisode était accompagné de sueurs froides. Ces épisodes devinrent plus fréquents et en mai 2010, ils se produisaient jusqu'à 2 ou 3 fois par semaine. La durée des pertes de conscience s'accroissait aussi. Une fois, elle s'évanouit et resta inconsciente huit heures avant de se réveiller.

Ces évanouissements l'avaient énormément fatiguée physiquement et mentalement. Six mois plus tôt, elle avait atteint un seuil, où elle avait demandé un congé sans solde pour se reposer, mais sa supérieure hiérarchique avait refusé tout net. Elle s'était alors forcée à aller travailler, jusqu'à ce qu'elle soit au bord de l'épuisement physique. Elle commençait à perdre la mémoire des gens qui l'entouraient, y compris quelques uns de ses collègues ou de ses amis. A ce moment-là, elle se souvenait encore d'un ami "psychologue" du nom d'Aaron, qui lui apportait de l'aide dans cette période difficile. Mais, pour une raison quelconque, même ces souvenirs commençaient à s'effacer.

Petrina avait pris l'habitude de fumer durant les trois dernières années. C'était elle qui allait acheter les cigarettes pour son mari et après quelques temps, elle avait commancé à se joindre à lui pour fumer. Durant sa journée de travail, elle pouvait fumer 20 à 30 cigarettes par jour, mais heureusement, elle n'était pas encore psychologiquement dépendante de la cigarette.

En août 2010, elle découvrit que son mari avait eu une liaison avec son amie Hazel, mais encore une fois elle avait perdu la plupart de ses souvenirs concernant l'identité de Hazel ou du groupe social auquel Hazel et elle appartenaient.

"D'une certaine manière, je n'ai pas envie de me souvenir d'eux. Je ne veux pas dire ce dont je me souviens à propos de cette journée. Le nom de cette femme est Hazel. Ce nom me rend nerveuse," remarqua-t-elle avec une pointe de colère dans les yeux. "Elle déménageait pour aller vivre au Canada. J'étais en train de l'aider à faire ses paquets pour son déménagement," se rappela-t-elle, "et j'ai alors vu une photo de mon mari et elle derrière son lit." Les larmes lui montèrent aux yeux. "Tout le groupe était au courant de leur liaison, mais personne ne m'a rien dit," continua-t-elle, amère. "J'ai laissé tomber tout ce groupe depuis," gémit-elle.

Petrina avait déjà demandé le divorce. Cependant, sa belle-mère avait 80 ans et l'avait toujours bien traitée. Malheureusement, la vieille dame était encore obligée de travailler comme plongeuse dans un restaurant pour contribuer au revenu de la famille. Avec le divorce, son mari dut vendre la maison pour rembourser ses dettes. En conséquence, sa belle-mère n'eût plus d'endroit pour vivre ce qui aggrava les sentiments de culpabilité de Petrina. Depuis le divorce Petrina avait déménagé pour vivre avec sa mère.

Le 10 novembre, une semaine après sa sortie du CGH, Petrina consulta le médecin de famille, Dr Wong, pour ses problèmess. Après avoir diagnostiqué un état d'anxiété, il lui prescrit du Nordazepam et de l'Alprazolam. Quelques temps auparavant, il l'avait traitée avec succès pour ses maux de tête et avait indiqué que ses troubles de syncopes et d'insomnie trouvaient leur origine dans son inconscient. Les deux médicaments qu'il prescrit appartenaient la la catégorie des tranquillisants légers. Le Nordazepam avait des propriétés anxiolytiques et sédatives, et Petrina n'avait pris que trois comprimés à ce jour. L'Alprazolam, lui, était un médicament à effet rapide que l'on utilisait comme traitement additionnel pour les anxiétés accompagnées de dépression modérée. Elle avait de la réticence à prendre ce médicament et je notais que la boîte n'avait pas encore été ouverte.

La santé générale de Petrina s'était rapidement dégradée depuis le début de ses crises d'anxiété et sa dépression. Son médecin de famille lui prit un rendez-vous avec psychiatre du

Gleneagles Hospital en janvier 2011, mais elle n'avait pas envie d'y aller. Elle ne voulait pas être cataloguée comme patiente psychiatrique, et elle n'avait pas les moyens de payer les honoraires d'un spécialiste. J'ai réalisé plus tard que son mari avait pris tout l'argent après qu'elle ait demandé le divorce. Il avait aussi retiré, sans la prévenir, les 7000 $ qui se trouvaient sur leur compte joint à la banque.

J'étais troublé par le désespoir de Petrina. Cependant, je pensais qu'à son âge, elle pouvait tout à fait trouver en elle les ressources pour s'en sortir. Peut-être pouvait-elle interpréter sa dépression comme une sonnette d'alarme ? Peut-être pouvait-elle comprendre sa condition comme le début d'un parcours d'une signification plus large ? Cependant, son intégrité mentale et psychique lui avait échappé et elle avait besoin de les retrouver. Est-ce que j'étais la bonne personne pour l'aider ? Etait-elle en mesure de croire que ce périple pouvait la conduire à retrouver sa santé et son bien-être ? Je me rendais compte que si je m'engageais, ça serait aussi pour moi l'occasion d'un profond changement en moi. Après réflexion, je rassurai Petrina sur le fait que je l'aiderais jusqu'au bout.

Le problème suivant concernait son congé maladie. Je me rendis au bureau central des infirmières, récupérai son dossier et m'assis pour rédiger une note d'une page au Dr Shanti, pour lui dire que je soutenais la décision de Petrina de demander un congé maladie d'un mois.

Après le travail ce soir là, je repris mentalement l'histoire que Petrina m'avait racontée. Il y avait des trous dans cette histoire. Je comprenais la raison pour laquelle Petrina avait réprimé les souvenirs de ses amis qui l'avaient "trahie", mais pourquoi avait-elle aussi oublié ceux de ses collègues et son ami psychologue qui avaient pris le temps de l'aider ? Egalement, si le second avortement avait été une source majeure dans son traumatisme émotionel, pourquoi passer par le traumatisme d'une troisième grossesse suivie d'un avortement ? De manière plus prosaïque, je me demandais si sa mémoire défaillante lui permettrait de me reconnaître la prochaine fois qu'on se verrait... Je décidai à ce stade que j'avais besoin chercher plus avant en attendant d'obtenir des informations.

Chapitre Deux
Blocage

Le désespoir est la matière brute pour un changement radical. Seulement ceux qui peuvent abandonner tout ce en quoi ils ont toujours cru ont un espoir de s'en sortir.

– William S. Burroughs

Après mon tour de la salle le lendemain, je fis un stop en Neurologie, pour voir Petrina. Une infirmière me croisa dans le couloir et m'informa que Petrina était sortie la veille au soir, avec un diagnostic de syncope vasovagale. Les résultats de l'électroencéphalogramme, du scanner et du test d'inclinaison étaient normaux. Les résultats du test de réponses cutanées sympathiques confirmaient que ses syncopes vasovagales répétées venaient d'une accumulation du sang dans les membres qui diminuait l'apport de sang au cerveau. Ce qui était réconfortant fut d'apprendre que le Dr Shanti avait fini par lui donner un mois de congé maladie sur ma recommandation.

Petrina se reposait chez elle lorsque je l'appelai. Elle avait l'air de se souvenir de qui j'étais et de notre conversation de la veille. Après une soirée de repos, elle avait trouvé la manière dont elle devait gérer ses pertes de conscience. Elle avait décidé que ses syncopes étaient si imprévisibles et menaçantes qu'il valait mieux qu'elle ne sorte pas seule de chez elle. Elle préférait s'organiser pour qu'un membre de sa famille l'accompagne à l'hôpital pour son prochain rendez-vous. Sur ce, je lui proposai de la voir le lundi après-midi suivant à la consultation externe.

Le problème de Petrina sortit de mon esprit pour le reste de la journée. Cependant, le soir suivant, je reçus d'elle un mail angoissé Apparemment, elle avait choisi d'accompagner sa mère chez le médecin le vendredi en fin d'après-midi. Son frère conduisait, et, alors qu'elle était assise dans la voiture près de sa mère, elle perdit soudain conscience.

"J'ai encore perdu connaissance hier soir en voiture, en route pour le rendez-vous de ma mère chez le médecin. Cela a duré environ 30 minutes, et tout d'un coup, je ne savais plus où j'étais et pourquoi je me rendais chez le médecin avec ma mère. Après encore 20 minutes, ma mémoire a commencé à revenir. J'ai l'impression que c'est de pire en pire. Je commence à avoir peur de tout oublier un jour..."

Il y avait une tonalité évidente de dépression dans son message. Je réfléchis à son problème. Elle avait souffert de souvenirs traumatiques et ses expériences remplies d'émotions avaient conduit au développement de signes et symptômes d'amnésie dissociative. Ses pertes de conscience répétées m'avaient tout l'air d'une réponse de déni. Je ne m'étais pas senti à l'aise à l'idée de me plonger dans ce problème clinique difficile, mais je pensais avoir les outils pour découvrir la cause du déclencheur émotionnel en elle.

J'appelai Petrina pour la rassurer. Guérir dans sa situation demandait de commencer avec de l'espoir. Elle devait savoir qu'elle pouvait arriver à un changement dans son ressenti et envisager le futur. Me souvenant qu'elle était Bouddhiste, je lui demandai si elle avait déjà une expérience de la méditation. Elle n'en avait pas. Je la persuadai d'apprendre en me servant de l'argument que la méditation avait fait ses preuves pour réduire le stress et calmer le mental.

Quelque temps auparavant, j'avais vu et entendu quelques très bonnes vidéos sur YouTube. L'une d'elle, intitulée "Méditation Guidée - Relaxation Profonde©," montrait les vagues de l'océan s'écrasant sur la grève, sur fond de coucher de soleil. En plus, il y avait une méditation guidée avec un fond de musique calmante. Je me souvins alors d'un second clip appelé "Méditation Ultra Profonde Guidée Pour Vous" qui contenait une animation graphique hypnotique en plus des effets sonores.

J'envoyai les deux liens à Petrina. Elle me promit qu'elle les utiliserait. Je ne me doutais pas alors que cela constituerait un des outils de gestion émotionnelle les plus utiles de son existence.

****

Durant le week end, Soeur Beatrice était partie en Australie pour son stage clinique. Je la tins au courant des progrès de Petrina et, en particulier, je lui décrivis les pertes de conscience. Curieusement, elle avait une perspective différente de la syncope et pensait que des suggestions implicites pourraient jouer un rôle important dans ce cas. Elle me relata sa conversation et expérience initiales avec Petrina :

"Merci pour les nouvelles. A mon tour, je voudrais vous informer du fait que Petrina a vu un médecin généraliste qui lui a dit : "J'ai vu une personne dans la même situation que vous, et maintenant elle a énormément de mal à se réveiller après avoir dormi, et se trouve en état de sidération au réveil..." A propos du pouvoir de suggestion, je crois que Pétrina y est sensible. Elle-même dit qu'elle sait qu'il n'y a rien d'anormal la concernant. Je lui ai dit aussi qu'à priori tous les tests allaient être normaux et qu'elle aurait besoin d'une modalité thérapeutique."

Je réfléchis à l'analyse de Soeur Beatrice et souris intérieurement. Et bien, si Petrina avait un tel niveau de suggestibilité, elle serait une candidate idéale pour l'hypnothérapie.

****

Le lundi après-midi, Petrina vint à ma consultation pour sa première séance de thérapie. Son frère l'avait conduite en voiture au SGH, depuis son domicile de Tampines et elle avait profité du trajet dans les encombrements pour écouter la musique et la méditation qu'elle avait téléchargé sur son iPhone.

Elle arriva habillée d'une jupe foncée et un chemisier tout simple. Elle avait poudré son visage et avait mis des faux-cils. A l'évidence, elle essayait de cacher son allure épuisée et sous son apparence, pointait un sentiment d'angoisse. Les ongles de ses mains et pieds avaient été manucurés avec art. Il s'agissait d'un dessin écarlate très attirant, qui lui avait pris trois heures à réaliser. J'appris plus tard que l'art des ongles l'avait toujours intéressée et qu'elle avait envisagé d'obtenir un diplôme de technicienne pour les ongles à un moment donné. Bien que ça soit un passe-temps très fatigant, elle aimait s'y adonner, car cela lui donnait un sentiment de "confiance en elle et de contrôle".

J'eus une brève conversation avec son frère aîné qui l'accompagnait. Je fus surpris lorsqu'il fit remarqua de manière décontractée qu'il n'avait pas vu sa soeur depuis trois ans et n'avait aucune idée de pourquoi et comment elle était devenue soudainement si malade ! Je fus interloqué que Petrina ait pu cacher ses difficultés si longtemps, non seulement à sa mère, mais à ses frères également. Elle m'expliqua alors, qu'elle s'était tue, car si son frère avait su ce que Joshua lui avait fait, il serait allé battre son ex-mari. Elle ne voulait pas que son frère finisse au poste de police.

A l'intérieur du cabinet, Petrina ouvrit une enveloppe contenant une lettre de recommandation formelle du Dr Shanti du service de Neurologie. Un résumé clinique était inclus. Alors que je parcourais le document, un détail retint mon attention. Il était indiqué que Petrina avait eu sa première syncope enfant. Je vérifiai avec elle et elle confirma, ajoutant que la syncope avait eu lieu alors que sa mère était en instance de divorce avec son père.

Depuis sa sortie du service de Neurologie, cinq jours plus tôt, elle n'avait pas bien dormi et ses pertes de conscience et de mémoire continuaient à l'inquiéter. Par ailleurs, les membres de sa famille commençaient à s'habituer à ses fréquentes syncopes.

Avec les crises, ses humeurs fluctuaient et étaient dominées par des émotions spécifiques d'une fois sur l'autre. Ce qui était remarquable c'est qu'elle avait la capacité en tant que patiente, de décrire ses symptômes très précisément.

Elle avait fait l'expérience de se sentir "comprimée" à chaque fois qu'elle essayait de se souvenir de son passé. "C'est comme si j'étais enfermée ou piégée dans une pièce et incapable d'en sortir," décrivit-elle. "C'est comme d'être enfermée dans une cage."

J'écoutais soigneusement et pris note de sa description précise. Dans mon rôle de thérapeute, je cherchais des sentiments ou des émotions qui pouvaient éventuellement être utilisés comme ponts affectifs dans la thérapie de régression.

Elle mit au courant son médecin de famille, le Dr Wong, sur son hésitation entre consulter un psychiatre privé ou recevoir des séance d'hypnothérapie à l'hôpital public. A sa surprise, le Dr Wong lui recommanda d'aller à son rendez-vous avec moi ce jour, et lui dit qu'il était confiant que l'hypnothérapie pourrait être une meilleure option.

Quelques collègues avaient appelé à son domicile durant le week-end, mais ce qui était inquiétant c'est qu'elle ne pouvait pas se rappeler qui exactement. Je saisis cette occasion pour lui expliquer que l'hypnothérapie était un outil puissant pour aider les patients à se souvenir d'évènements oubliés.

"L'Hypnose est un état de concentration aiguë," insistais-je. "Nous entrons et sortons d'états hypnotiques en permanence et basculons régulièrement notre point d'attention de l'intérieur vers l'extérieur." Je citais quelques exemples, comme regarder la télévision ou conduire sur une autoroute. Je lui expliquais comment la conscience d'une personne en transe pouvait être en suspens, tandis qu'elle se focalisait sur ses pensées intérieures et ses sentiments. Egalement, pendant la transe, elle serait en mesure d'accéder aux souvenirs non disponibles à l'état éveillé, particulièrement les souvenirs personnels qu'elle avait réprimés.

Je passais les minutes suivantes à lui fournir des informations sur ce à quoi elle devait s'attendre pour sa première séance d'hypnose et la nature des suggestions verbales que j'allais faire. Je lui expliquais comment sa mémoire allait commencer à s'aiguiser, alors que son corps serait complètement relaxé. Je citais des exemples de succès que j'avais obtenus avec des clients que j'avais régressé dans leur enfance, pour leur permettre de retrouver des traumatismes enfouis et surmonter ces expérience pénibles.

Ensuite, l'infirmière qui devait assister à la séance, l'installa sur le divan. Je mis alors de la musique relaxante et laissais quelques minutes pour qu'elle s'installe. Nous étions prêts à commencer.

Elle ferma les yeux et je lui demandais de prendre trois respirations profondes et de focaliser son attention sur le mouvement de l'air qui entrait et sortait de sa poitrine. Avec chaque inspiration, je suggérais qu'elle inhalait de la détente et avec chaque expiration, qu'elle relâchait la tension accumulée dans son corps. Après quelques minutes, elle s'installa dans un calme silencieux.

Ensuite, je la guidais dans un processus de relaxation des différents muscles de son corps. Je fis la suggestion qu'elle pouvait détendre elle-même les muscles de son cuir chevelu, et laisser cette relaxation s'étendre au front, au visage, à la machoire, le cou, les épaules, les bras et avant bras, les muscles du dos et de la poitrine. Je remarquais que ses paupières commençaient à trembler, ce qui était l'indication que sa transe hypnotique s'approfondissait. Je continuais le processus de relaxation avec la région abdominale, le bassin, les hanches, les cuisses, les mollets, les chevilles et jusqu'à la plante des pieds, à la fin duquel elle était complètement détendue. Cette induction lente semblait avoir très bien marché pour elle. Ensuite, j'utilisais la visualisation de l'escalier et la guidais pour qu'elle s'imagine au sommet d'un escalier. Ensuite, je me mis à compter lentement de 10 à 1, ce qui eut pour effet d'approndir sa transe plus avant, alors qu'elle se voyait descendre les marches à chaque nouveau chiffre. Pour vérifier le niveau de transe auquel elle se trouvait, je vérifiais le mouvement de ses paupières et la catalepsie de son bras ; les deux tests furent concluants. Après environ vingt minutes de relaxation et d'approfondissement, je fus satisfait de sa capacité à être hypnotisée. Alors, je la fis émerger progressivement de sa transe en comptant de 5 à 1. Lorsque j'eus atteint 1, elle souleva ses paupières lentement, l'air un peu hébété.

"Comment vous sentez-vous?" demandais-je doucement.

"Relaxée," murmura-t-elle, son regard rêveur attaché au plafond au dessus d'elle.

Sans plus de cérémonie, je lui demandais de fermer les yeux à nouveau et la ramenais à nouveau en état de transe. J'avais choisi de tirer avantage de l'effet de fractionnement. Car, dans le processus hypnotique, un patient qui entre en transe pour la deuxième fois, rapidement après la première fois, a tendance à y retourner plus vite et plus profondément. Ensuite, je posais ma main doucement sur son front et je dis à voix basse, "Allez en profondeur." En quelques secondes, elle fut en transe profonde et prête pour la suite de la thérapie.

Chapitre Trois

Prisonnière

Les gens sont prisonniers de l'histoire qu'ils racontent et l'histoire est emprisonnée en eux.

- James Arthur Baldwin

Petrina était encore sur le divan, en transe profonde. Je réalisais que l'évaluation par Soeur Beatrice de sa capacité à être hypnotisée était exacte. Elle était en effet un sujet très sensible aux suggestions. Sans plus attendre, je démarrais la thérapie de régression.

Une régression est un processus par lequel un patient en état d'hypnose, fait remonter à sa mémoire des souvenirs de son inconscient, guidé par le thérapeute. Accéder aux émotions du patient est plus facile lorsqu'il est sous hypnose. De la même manière, la conscience de l'individu devient plus efficace et sa mémoire plus précise.

Un des éléments les plus précieux de ma formation en hypnothérapie est d'avoir appris que les meilleurs résultats sont obtenus en thérapie lorsqu'on peut identifier la source d'un symptôme pénible. Si l'on arrive à ce que le patient reconsidère et recadre une expérience passée, le symptôme peut disparaître et la guérison se produit. La régression est la technique appropriée pour atteindre ce but. Sans supprimer la cause à l'origine du problème, l'inconscient est capable de retourner au même problème plus tard. Le sentiment récent de Petrina de se trouver "enfermée dans une pièce et incapable d'en sortir" m'avait l'air d'un bon début pour la thérapie. La phrase semblait contenir une charge émotionnelle. Mon intention était de connecter son inconscient à un incident passé au cours duquel elle avait ressenti cette émotion de piège.

"Je veux que vous portiez maintenant votre attention sur vos sentiments de pression, de vous sentir prisonnière ou enfermée," commencais-je, "... et restez concentrée dessus." Elle resta immobile. Je lui fis répéter la phrase "Je suis prisonnière" à haute voix plusieurs fois et attendis. Elle resta silencieuse. Alors je poursuivis avec une technique destinée à faire grandir sa conscience de cette émotion.

"Alors que vous continuez à vous concentrer sur l'émotion d'être prisonnière ou enfermée, je vais compter de 1 à 10 pour amplifier l'intensité de ces émotions. Un, deux... vos émotions grandissent... trois, quatre, cinq... vos émotions deviennent de plus en plus fortes... six, sept... vos émotions sont de plus en plus intenses... huit, neuf... elles sont vraiment très fortes maintenant... et dix... votre intensité émotionnelle est à son maximum maintenant."

Je notai une légère contraction musculaire sur son visage, comme si quelque chose de plus profond était en train de se produire. Alors je continuai.

"Maintenant, alors que je compte à l'envers de dix à un, vous allez retourner à un évènement passé qui est connecté à ces émotions. Dix, neuf, huit, sept, six, cinq, quatre, trois, deux et... un."

Quelque chose d'important était en train de se passer. Petrina se mit à parler au moment où j'atteignai le chiffre un.

"Je saigne ..." dit-elle doucement. Je fus légèrement surpris de voir des larmes se former au bord de ses yeux. Le pont affectif avait mis Petrina en contact avec une expérience pénible du passé.

"Où êtes-vous maintenant?" demandai-je.

"Au pied de l'escalier... je perds mon sang."

"Que s'est-il passé?"

"Je suis enceinte. Mon mari m'a poussée dans les escaliers," dit-elle dans un sanglot.

"Décrivez-moi vos émotions."

"Je le hais... pourquoi m'a-t-il fait ça ?" Les larmes continuaient de s'accumuler. Elle était visiblement bouleversée. J'attendis, alors que les émotions montaient rapidement. Alors, elle éclata en larmes et se trouva alors en pleine catharsis. Je pris un moment pour lui permettre de libérer complètement un gros volume d'émotions contenues. Après quelques minutes, elle commença à se calmer.

"Prenez une bonne respiration... et dites-moi ce qui s'est passé."

"Je suis fatiguée," dit-elle, après avoir retrouvé sa voix. "Je dois travailler, faire les lessives et les repas pour lui. Je ne lui demande jamais où il va, ni ce qu'il fait. Pourquoi toutes ces factures ? Il travaille et je travaille, mais je suis la seule à payer. Nous n'avons jamais assez d'argent. Je ne peux pas lui demander son aide, ça tourne toujours en dispute."

Il y eut une pause.

"Il est parti avec Hazel." Je me souvins qu'Hazel était le nom de sa meilleure amie avec qui son mari avait eu une liaison. "J'ai appelé une amie pour qu'elle m'emmène chez un généraliste. Le généraliste m'a donné un médicament pour arrêter les saignements. Il (Joshua) ne voulait pas du bébé. Je suis alors allée à la clinique gynécologique toute seule pour subir un avortement... voilà, c'est fait. Mon bébé me manque."

"Que se passe-t-il ensuite?"

"Je suis à la maison maintenant, à l'attendre. Il n'est jamais revenu."

"Que ressentez-vous à ce moment ?"

"De la haine... Je le hais... de m'avoir trahie." Elle recommença à pleurer.

"Quelles sont les pensées qui accompagnent votre haine ?"

"Comment mon amie (Hazel) a-t-elle pu me faire cela ?" dit-elle amèrement avec, à nouveau, des larmes coulant le long de ses joues.

J'attendis. Plusieurs minutes passèrent avant que ses émotions commencent à se dissiper. Elle continua, alors.

"Maintenant je regarde toutes ces factures. Je dois tout vendre pour payer ses dettes."

"Que ressentez-vous à ce moment ?"

"Je me sens enfermée" ..." dit-elle d'un ton désespéré.

Dans le mille ! C'était exactement la phrase qu'on avait utilisée pour le pont affectif et il était clair que cela l'avait ramenée à un évènement déclencheur. J'avais appris lors de ma formation que localiser l'évènement déclencheur était crucial en thérapie. Ce qu'elle venait juste de décrire semblait être l'évènement central qui avait produit en elle la perception d'être "piégée" dans une situation désespérée.

"Pourquoi est-ce que je dois être responsable de tout et faire tous les paiements ?" continua-t-elle. "Je suis retournée chez ma mère. Maman me dit d'aller lui parler. Il n'est jamais revenu. J'ai attendu son appel... Pas un seul appel... Pas même un message. Je ne sais pas quoi faire... Il a alors appelé pour demander encore de l'argent. Je ne le lui ai pas donné. Il m'a batttue. Et il est allé à la banque pour transférer tout l'argent du compte. Il ne me reste rien..."

"Comment vous sentez-vous ?"

"Perdue."

"Que se passe-t-il ensuite ?"

"Aaron m'a aidée –" Soudain, elle s'arrêta. Je notai un léger mouvement de la tête, suivie d'un sortie soudaine de la transe hypnotique.

Petrina ouvrit ses yeux en grand, avec un air un peu égaré. Elle était sortie brusquement de la transe par elle-même. Je n'étais pas sûr de pourquoi cela s'était produit, alors que la session semblait se passer en douceur. Je notai cependant que cela se produisit à la mention du nom d'Aaron, l'ami psychologue censé l'avoir aidée. Je ne soupçonnais alors pas que cette sortie brutale de transe allait devenir un phénomène récurrent qui causerait des interruptions majeures lors des séances de thérapie suivantes.

Sans plus attendre, je demandai à Petrina de fermer ses yeux à nouveau, alors qu'elle se trouvait dans un état intermédiaire. Et je la conduisis une fois de plus dans une transe hypnotique.

"Détendez-vous et concentrez-vous sur le sentiment d'être piégée et prisonnière... et laissez les images se former dans votre esprit... Maintenant, dites-moi où vous êtes et ce qui se passe."

"Je suis à la maison avec ma mère et mon père," murmura-t-elle.

"Quel âge avez-vous ?" demandais-je.

"Sept ans," répondit-elle.

Elle avait spontanément sauté à un évènement plus ancien et je décidai de travailler avec ce qui se présenterait.

"Que se passe-t-il maintenant ?"

"Papa est en train de battre Maman. Il utilise une ceinture... Maman s'est enfermée dans une autre pièce."

Encore, dans le mille ! Les sentiments de "se sentir enfermée" semblaient s'expliquer d'eux-même.

"Que se passe-t-il ensuite ?"

"Papa a pris tout l'argent et est allé jouer."

"Comment vous sentez-vous ?"

"J'ai peur. Je ne peux rien faire," dit-elle d'une voix désespérée.

"Que se passe-t-il après ?"

"Papa joue avec ses amis à la maison. J'ai faim et je demande à manger. Il utilise sa cigarette pour me faire une brûlure sur le visage et il dit à Maman que c'était un accident. J'ai mal à la tête à cause de la brûlure. Il n'y a pas d'argent pour aller chez le médecin." Sa voix tremble.

La douleur était tangible dans sa voix. On aurait dit que je trébuchais sur un problème d'Enfant Intérieur. Je commençais aussi à comprendre la base émotionnelle sur laquelle reposaient les évanouissements dont Petrina avait commencé à souffrir à l'école primaire. Elle me dit plus tard que son père était tellement accro au jeu qu'il attendait sa mère à la maison les jours de paye. Ensuite, aidé par la tante de Petrina, il traînait sa mère au distributeur de billets pour retirer le salaire du mois en entier. Ils partaient alors ensemble jouer cet argent.

Pour éviter cette situation, sa mère avait commencé à rester tard au bureau les jours de paye, retirait l'argent et achetait de quoi manger, particulièrement des aliments en conserve, avant de rentrer chez elle. Malgré cela, il arrivait dans certains cas que son père prenne les conserves pour les échanger contre de l'argent destiné au jeu.

Je réfléchis rapidement pour décider de la prochaine étape thérapeutique. A l'évidence, l'Enfant Intérieur abandonné, en Petrina, criait à l'aide par l'intermédiaire de sa maladie actuelle. Compte tenu du manque de soins dont avait souffert l'Enfant Intérieur, je décidai de changer de technique pour lui permettre de découvrir son propre "parent intérieur" au sein de son inconscient.

J'approfondis sa transe et dis : "Revenez à votre âge actuel et visualisez-vous en adulte... Maintenant, demandez à l'adulte que vous êtes d'aller à la rencontre de la petite Petrina... La voyez-vous ?"

"Oui."

"Qu'est-ce que l'adulte que vous êtes pourrait dire à la petite Petrina pour la réconforter ?"

"C'est bientôt fini," dit-elle avec douceur.

"Que dirait la petite Petrina en réponse ?"

"J'ai mal. Qu'est-ce que je dois faire ?" avec de la peine dans la voix.

"Comment l'adulte répond à cela ?"

"Tu ne peux compter sur personne, sauf toi. Tu vas te libérer." Ceci fut prononcé d'un ton sage.

Je donnai à Petrina un petit coussin et lui dis doucement, "Rapprochez-vous de la petite Petrina. Peut-être, aimeriez-vous lui dire qu'elle est une gentille petite fille en la tenant dans vos bras."

Lorsque le processus d'intégration de l'Enfant Intérieur fut terminé, je conduisis Petrina dans un espace de guérison. A l'aide de la visualisation guidée, je l'amenai auprès d'un étang et lui demandai d'imaginer un caillou qui serait jeté dans l'eau et qui créerait des ronds concentriques de relaxation vers la périphérie de l'étang. Je lui suggérai que chaque mot que je prononcerais serait une pierre jetée dans l'eau. Elle resta calme et détendue.

Ensuite, je lui demandai de se voir debout devant une cascade, de sentir l'eau chaude tombant sur le sommet de sa tête, coulant le long de son corps et la nettoyant de toutes les tensions.

A ce moment, deux heures et demie avaient passé. Petrina sortit de l'état hypnotique, l'air visiblement fatigué. Nous sentîmes tous deux que la séance avait porté ses fruits.

Elle sécha ses larmes et but un chocolat chaud avant de partir. Je lui rappelai qu'à partir de maintenant ses séances de thérapie allaient être forcément intenses. Elle comprit et fut d'accord pour revenir le lendemain pour la suite.

Tandis que Petrina s'absenta pour aller aux toilettes, j'en profitai pour prendre une petite pause. Quelques instants plus tard, une infirmière me signala que Petrina avait failli s'évanouir en allant aux toilettes. Elle avait réussi à retrouver son équilibre à temps et avait échappé de justesse à une chute.

Ceci était inattendu en ce qui me concernait. La séance s'était bien passée et je n'avais pas de raison de m'attendre à ce que les symptômes reviennent si rapidement. Je la fis revenir dans le cabinet pour se reposer. Cinq minutes plus tard, alors qu'elle allait mieux, je décidai de la raccompagner à l'entrée de l'hôpital. Elle téléphona à son frère, qui vint la chercher en voiture. Bien que la séance ait été longue et fatigante, elle sourit avant que la voiture ne reparte.

****

Ce soir-là, je quittai l'hôpital d'humeur détendue, pour aller dîner avec deux amis. Cependant, au milieu du dîner, Petrina appela.

Apparemment, peu de temps après être arrivée chez elle, elle avait commencé à avoir un mal de tête. Quand elle fermait les yeux, elle entendait des voix. Elle reconnut son ex-mari Joshua et Hazel qui se disputaient. Mais au moment où elle m'appela, elle avait déjà oublié le contenu de la conversation entre les deux voix. Elle se sentit frustrée et inquiète.

Cela ressemblait à un flashback et je ne voulais pas l'alarmer. Je la rassurai en lui disant qu'elle passait par une phase de réaction normale à la suite d'une séance de thérapie intensive.

Un peu plus tard, je regroupai mes souvenirs sur le sujet des maltraitances faites aux enfants. Lors de mes études, j'avais appris que les femmes qui avaient eu à faire à des personnes abusives pouvaient essayer inconsciemment de réécrire leur passé. Sigmund Freud appelait cette tendance à reconstituer le passé "compulsion de répétition", ce qui pourrait se traduire par le désir inconscient d'être attiré répétitivement par le même type de personne abusive dans sa vie. Etait-ce parce qu'elle avait manqué d'amour de son père que Petrina avait été attirée par un partenaire très ressemblant à son père ? Et essayait-elle d'être aimée de lui ?

Chapitre Quatre
S'ouvrir au changement

Si nous parlons ouvertement de ce qui ne va pas chez nous et de notre besoin le plus profond, alors peut-être la mort et le désespoir disparaîtront progressivement.

– J.B. Priestley

Mardi 30 novembre, fut le jour de la deuxième séance de thérapie de Petrina. La première chose que je fis le matin quand j'arrivai au travail fut de mettre Soeur Beatrice au courant sur le cas de Petrina. Nous avions l'habitude de partager nos expériences thérapeutiques.

Elle répondit tout de suite. Curieusement, elle avait des détails supplémentaires sur le mari de Petrina : "Elle est vraiment courageuse. Elle est passée par une expérience très traumatisante. C'est une bonne chose qu'elle soit arrivée dans votre service. Au moins, elle ira mieux après les séances. La médecine ne peut pas enlever tous ces traumatismes, non ? Son mari dépendait d'elle quand il faisait ses études. Lorsqu'il a fini, il a trouvé un travail mieux payé, mais n'a pas pu supporter le stress et a donné sa démission. Il est resté à la maison comme un flemmard inutile, buvant et fumant. Elle a dû avoir un sentiment de trahison quand son mari s'est mis avec une autre femme, alors qu'elle s'était autant sacrifiée pour lui."

*****

J'avais réservé du temps ce matin pour Petrina. Autour de 11 heures du matin, elle arriva à ma consultation accompagnée de sa mère. Bien qu'habillée élégamment, elle avait l'air pâle et exténuée. Sa mère se présenta et se retira rapidement pour aller travailler, après s'être assurée que Petrina était avec moi.

Une fois à l'intérieur du cabinet de consultation, elle me mit au courant de ce qui était arrivé le soir précédent. Elle se souvint d'avoir eu une autre perte de conscience durant le dîner, peu de temps après m'avoir appelé. Plus tard, alors qu'elle était sur le point de s'endormir, elle entendit dans son demi-sommeil une courte conversation entre elle-même et un homme qu'elle n'avait pas identifié :

> (L'homme): "Tu es bien la dernière personne à qui je ferais du mal."
>
> (Petrina): "Tu avais promis que tu ne me ferais jamais de mal, mais tu as recommencé."

Après qu'elle se soit réveillée, elle fit l'expérience de la perte de mémoire. Le mysticisme sous-jacent à sa condition avait l'air d'augmenter. Je me suis demandé si ce dialogue pouvait fournir un indice important à son amnésie.

Je demandai si l'homme sans visage pouvait être son mari et elle répondit fermement que c'était peu vraisemblable. Ceci impliquait qu'elle pouvait avoir un amant, ce qui compliquait l'histoire. Mais, elle n'était pas dans une condition mentale propice à m'aider à reconstituer le puzzle. Je me dis que je pouvais peut-être l'aider à identifier cet homme "mystère" avec l'hypnothérapie.

Petrina était maintenant prête pour sa deuxième séance de thérapie. Au moment où elle fut en transe, je lui demandai : "Quelle émotion est associée avec votre dernier évanouissement ?"

"Déception et frustration," murmura-t-elle.

J'approfondis son état de transe tandis que je lui demandais de rester concentrée sur ces deux émotions. "Retournez à la dernière fois où vous avez fait l'expérience de la déception et de la frustration et dites-moi ce qui se passait."

Etonnamment, elle retourna à un évènement passé beaucoup plus vite que la veille.

"Je vois Fabian," commença-t-elle doucement.

"Racontez-moi," répliquai-je.

"Triste…! On a pris des somnifères ensemble."

Je sursautai. Qui était ce Fabian ? Je n'avais pas connaissance de cette partie de son histoire. Je décidai de me laisser conduire par l'histoire.

"Où êtes-vous maintenant et qu'est-il arrivé ?"

"Je suis à la maison. J'ai la nausée... je n'arrive pas à me réveiller le lendemain. J'ai essayé de me suicider."

"Qui est Fabian?" dis-je, tout en me demandant s'il pouvait être l'homme non-identifié dans le dialogue dont elle avait parlé plus tôt, avant d'être en transe.

"C'est un ami homosexuel," murmura-t-elle. Je sursautai à nouveau.

"La mère de Fabian était en colère contre moi… Je ne suis pas allée à l'enterrement. Il a pris des somnifères et est mort. Je ne suis pas allée à l'hôpital... et j'ai survécu."

Je découvris donc que Petrina et Fabian étaient des amis très proches et qu'ils allaient fréquemment faire des courses ensemble. Fabian était un homosexuel qui s'habillait en fille. Il avait attrapé le virus HIV de son partenaire qui, depuis, l'avait laissé pour une fille. Il était très déprimé. A cause de la similarité de leur malheur et du parallèle de leur état émotionnel, ils avaient décidé de se suicider ensemble. Ils devaient le faire chacun chez soi. Ils prirent chacun dix comprimés de somnifères comme prévu.

Fabian mourut d'overdose, mais Petrina survécut à l'épreuve. Petrina avait pris dans le passé différents types et dosages de psychotropes, alors qu'elle était jeune. Elle avait vraisemblablement survécu parce qu'elle avait développé une meilleure tolérance. Toutefois, elle avait eu des nausées très fortes, avait vomi le lendemain matin et avait dû consulter le médecin généraliste pour obtenir des antiémétiques *(ndt : médicament pour empêcher les nausées et les vomissements).*

"Que s'est-il passé après que vous ayez survécu ?"

"J'ai appelé… mais il a rejeté mon appel," dit-elle d'une voix agitée et peinée. "Je ne me souviens pas de ce qui s'est passé après."

A ce stade, je n'avais pas de vision claire sur le rôle d'Aaron dans cette histoire. Il n'était pas évident non plus de comprendre pourquoi Petrina avait choisi de l'appeler à ce moment-là. Je décidai à nouveau d'aller au fil de l'histoire.

"Allez jusqu'à l'évènement suivant que vous associez avec votre sentiment de déception."

Il y eut une pause et elle répondit alors.

"Promesses vides…" dit-elle, d'un ton très cynique. Toutefois, l'histoire sembla reprendre rapidement un élan.

"Que se passe-t-il ?" demandai-je.

"Je parle à un homme… je ne sais pas qui il est. Je suis au rez-de-chaussée... Oh !" Elle ouvrit les yeux et sortit brusquement de transe hypnotique.

C'était décevant, particulièrement au moment où l'histoire devenait palpitante. Je me demandais qui cet homme mystérieux pouvait bien être et quelle était son lien avec les "promesses vides" dont Petrina parlait.

Petrina était redevenue complètement consciente à présent, mais j'étais déterminé à continuer la séance. Avec son accord, je la remis en transe une fois de plus.

"Je suis au lit, je me sens très fatiguée." dit Petrina

"Est-ce que c'est le jour ou la nuit ?"

"C'est le jour."

"Que se passe-t-il ensuite ?"

"Je viens d'aller me coucher… Je vois Aaron… Je ne sais pas où il est... … (pause) Je suis endormie maintenant."

"Avancez rapidement dans la scène, jusqu'au moment où vous vous réveillez."

"Je suis réveillée maintenant… Oh ! Quelqu'un arrive !"

Petrina ouvrit soudain les yeux, l'air surpris et sortit de transe. Elle était néanmoins incapable d'identifier la personne qui l'avait surprise. Ceci était déconcertant.

Je donnai à Petrina l'instruction de refermer ses yeux et de se détendre. Elle alla en transe une fois encore.

"Concentrez-vous sur le sentiment d'être prisonnière et la pensée de ne pas avoir le choix…" Les indices sensoriels semblaient agir très vite.

"Je suis en conversation téléphonique avec quelqu'un."

"Qui est-ce ?" demandai-je, curieux.

"Je ne sais pas."

"Que se passe-t-il ?"

"Je suis encore mariée... c'est fini... Le mariage est fini. Il n'y a plus rien entre nous. Mon mari me bat."

"Que se passe-t-il ensuite ?"

"Quelqu'un dit : 'C'est juste un papier. Tu devrais te protéger. Il n'a pas le droit de te frapper. Je serai toujours là pour toi.'"

"Qui est-ce ?"

"Je ne connais pas son nom... Oh ! C'est Aaron." Petrina sortit soudainement d'hypnose pour la troisième fois et je remarquai que c'était à la mention d'Aaron.

Complètement éveillée maintenant, Petrina se leva de son canapé. Elle perçut la perplexité sur mon visage et tenta une explication. "Je me sens très frustrée à chaque fois que j'entends le mot 'Aaron', mais je n'arrive pas à me rappeler qui il est."

Je me souvins qu'Aaron était le nom de son ami "psychologue" qui l'avait aidée dans les moments difficiles, lorsqu'elle était en instance divorce, mais il semblait que la mémoire de Petrina à son propos était fluctuante.

"Il est dans ma liste de contacts, mais je n'arrive pas à savoir qui il est. Depuis le mois de septembre, juste après ma tentative de suicide avec les somnifères, le nom 'Aaron' revient et chaque fois je perds conscience quand je l'entends."

Au fur et à mesure qu'elle expliquait, il devenait de plus en plus évident qu'il y avait un deuxième homme dans sa vie. Je commençais à spéculer sur le rôle de cet homme dans le déclenchement de ses pertes de mémoire.

Les mois précédents, Petrina s'était mise à regarder ses photos pour se remémorer qui était Aaron. Bizarrement, elle s'était rendue à plusieurs reprises, en pilote automatique, dans le quartier de Hougang à la recherche d'indices, dans l'espoir de se souvenir de cette personne. De plus, à chaque fois que le nom d'Aaron était mentionné, le nom d'une firme de formation en management, PEACE Consulting Services, surgissait dans son esprit. Elle avait appelé cette entreprise pour obtenir des informations, mais on lui avait dit qu'Aaron ne travaillait plus là.

"Il y a un endroit particulier au 3, Hougang Avenue où je vais pour me souvenir de ma relation avec Aaron, et c'est mon ami Bernard qui m'y conduit." J'écoutais attentivement, en me demandant qui était Bernard. Elle expliqua plus tard que Bernard était un collègue qui travaillait au Département Informatique de l'hôpital. Petrina le connaissait depuis plus d'un an et pensait que c'était un très bon ami.

"Bernard me dit que je ne suis pas prête à me souvenir de l'identité d'Aaron," dit-elle avec un regard rêveur.

"Est-ce que Bernard sait exactement qui est Aaron ?" demandai-je.

"Pas sûr. J'ai le sentiment que je n'ai pas tout dit à Bernard en ce qui concerne Aaron et il ne sait pas pourquoi je retourne constamment à cet endroit. Chaque fois que j'y vais, je me sens heureuse au début, mais après un moment, je commence à me sentir frustrée… je ne sais pas pourquoi.."

Petrina fit une pause. Il y avait à l'évidence quelque chose de crucial dans l'identité de cette personne appelée Aaron dont elle essayait de se rappeler, mais finissait toujours plus désespérée lorsque ses tentatives pour se souvenir échouaient.

"Le 5 juillet est la date qui me revient en tête et je ne comprends pas pourquoi. J'ai une boîte à la maison où je garde tous les tickets de cinéma et l'un d'eux a la date du 5 juillet 2010. A chaque fois que je regarde ce ticket, j'ai une sensation que je n'arrive pas à expliquer. Je commence à suffoquer. C'est très compliqué. Egalement, quand j'entends le nom de cette boîte de formation appelée PEACE Consulting Services, j'ai la même sensation qu'avec le ticket de cinéma. A chaque fois que cette firme donne les conférences Silver ou Bronze pour le Département d'Ophtalmologie, j'ai la même sensation de suffoquer ou d'être piégée."

Il me semblait être arrivé à un barrage avec cette jeune femme. Je déduisais de son histoire que cet Aaron semblait être la clé de sa perte de mémoire, mais son identité restait un mystère.

Petrina soupira. "Une partie de moi veut découvrir qui est Aaron et quel rôle il joue dans ma vie, mais une autre part de moi dit 'non' et qu'il vaut mieux ne pas savoir..." Elle me fixa d'un air pathétique et ajouta : "Je ne sais pas quoi faire."

Je la fixai sans rien dire. Elle semblait s'être piégée psychiquement dans un conflit intérieur. De mon côté, j'avais besoin de temps pour réfléchir sur son problème et organiser ses futures séances.

La séance arrivait à son terme. Je la réconfortai en lui disant que les choses allaient rentrer dans l'ordre à un moment donné. Tandis qu'elle s'éloignait dans la voiture de son frère, je formai le voeu qu'elle reste tranquillement à la maison se reposer le reste de la journée.

Malheureusement, Petrina eut à nouveau une perte de connaissance dans l'après-midi. Cette fois-ci la perte de conscience fut déclenchée par une personne particulière. Sa supérieure hiérarchique, Shirlene, l'avait appelée à la maison pour lui demander des détails sur sa condition médicale. En tant que supérieure hiérarchique, elle pensait avoir le droit de connaître les raisons médicales pour lesquelles son employée était en congé maladie, et si, de son point de vue de chef, ces raisons étaient suffisantes pour justifier un mois d'absence.

Immédiatement, Petrina refusa de répondre, car elle considérait cela comme une intrusion dans sa vie privée. Pourquoi devrait-elle divulguer des informations sur sa condition médicale, alors que celles-ci étaient confidentielles ? Alors qu'elle essayait de se débarrasser de Shirlene, elle lui donna mon numéro de téléphone portable et lui demanda de s'adresser à moi. Comme elle refusait de répondre à ses questions, Shirlene menaça de l'accompagner à ma consultation pour son prochain rendez-vous, afin d'obtenir ces informations médicales. Cette menace fut la goutte de trop pour Petrina, qui s'évanouit immédiatement. Lorsqu'elle revint à elle, elle m'appela.

"Bonjour Dr Mack, j'ai eu un petit évanouissement après avoir discuté avec ma chef, Shirlene. Elle m'a menacée. J'éprouve de la frustration quand j'entends son nom, mais je ne me rappelle pas ce qui s'est passé..." Elle sanglotait.

Shirlene était la supérieure hiérarchique qui avait fermement rejeté la demande de Petrina pour un congé sans solde en mai 2010. Apparemment, elle-même était divorcée. Sur la base de son expérience personnelle, elle ne pensait pas que Petrina avait besoin de s'absenter pour régler son divorce.

Je réfléchis au style de management de Shirlene ce soir là. Bien que je ne l'aie jamais rencontrée en personne, il était évident que commander et contrôler ses subordonnés était important pour elle et ceci allait jusqu'à l'utilisation du dénigrement et des menaces. Probablement, elle appartient à *l'archétype Napoléon*, pensais-je. Elle semblait aimer mettre les autres en pièces pour se rehausser. Je n'avais pas de certitude sur l'importance de sa contribution au traumatisme émotionnel de Petrina, mais sa capacité à provoquer une syncope chez Petrina semblait incroyable. Peut-être des facettes de ce conflit entre elles émergeraient de l'inconscient de Petrina lors d'une prochaine séance de thérapie.

Chapitre Cinq
Mémoire refoulée

La mémoire refoulée est comme un intrus bruyant que l'on expulse d'une salle de concert. Vous pouvez l'expulser, mais il va continuer à frapper à la porte et perturber le concert. L'analyste ouvre la porte et dit : "Si vous promettez de bien vous tenir, vous pouvez revenir".

– Theodor Reik

C'était mercredi et je tenais ma consultation externe hebdomadaire. J'avais réorganisé ma consultation chirurgicale pour terminer vers 15 heures. Cela me laisserait le temps de donner une troisième séance de thérapie à Petrina dans l'après-midi.

C'était l'heure du déjeuner et je me réservais un peu de temps au calme. Alors que je réfléchissais sur ce qui s'était passé dans la séance de la veille, je me souvins que Petrina avait décrit un conflit intérieur important. Une partie d'elle voulait vraiment connaître l'identité d'Aaron parce que cette information était cruciale à la récupération de sa mémoire et de son bien-être. Toutefois, une autre partie d'elle était remplie de la peur de l'inconnu et craignait le prix à payer pour découvrir la vérité.

Je me souviens de ma formation initiale, quand j'avais appris que les patients qui avaient des conflits émotionnels intérieurs seraient les candidats idéaux pour la "thérapie des parties", une approche particulière de l'hypnothérapie. La thérapie des parties implique la communication directe entre le thérapeute et certaines parties de l'inconscient du client, dans le but d'arriver à une résolution du conflit. Ces parties peuvent se présenter comme des personnages différents dans l'état de transe hypnotique.

L'existence de ces soi-disant "parties" à l'intérieur de nous se produit parce que différents modèles de notre monde colorent notre perception de la vie et influencent notre manière de vivre. Pour chacun de ces modèles, nous pouvons développer une image de soi correspondante et un lot de sentiments, comportements, croyances et langage corporel. Chacune de ces constellations d'éléments constitue une sorte de sous-personnalité miniature à l'intérieur de nous, que les hypnothérapeutes appellent une "partie". En fait, ces sous-personnalités sont des satellites psychologiques, coexistant en de multiples vies au sein de notre personnalité globale.

J'ai discuté un jour du concept et de l'application de la "thérapie des parties" avec un collègue psychiatre et il soutenait fortement son utilisation. Selon son expérience, si la technique était utilisée à bon escient, elle permettait au psychothérapeute de gagner des mois dans le travail de psychanalyse.

Petrina arriva à 15h20 à la consultation. Je passais une bonne quinzaine de minutes à lui expliquer la technique. Alors que parler aux parties pouvait s'avérer fascinant pour le thérapeute, cela pouvait potentiellement tourner en expérience effrayante pour le patient non préparé. Durant la thérapie des parties, chaque "partie" de l'inconscient du client peut devenir un personnage différent, et, en tant que telles, les différentes parties peuvent parler avec différentes voix, bien que passant par les même cordes vocales.

J'amenai Petrina rapidement en état d'hypnose et appelai deux parties. Il y avait une partie conflictuelle qui était de nature masculine et une partie positive qui était féminine. La partie conflictuelle ne voulait pas que Petrina retrouve la mémoire et se présenta sous le nom de PERDU. La partie positive, qui s'appelait HEUREUSE, avait envie qu'elle retrouve la mémoire bientôt pour pouvoir être heureuse. Entre ces deux parties, Petrina et moi-même, se noua une courte et mystérieuse conversation à "quatre".

Dr Mack : "Bonjour. Y-a-t-il une partie de Petrina qui ne veut pas qu'elle retrouve ses souvenirs perdus ? Si vous êtes présente, j'aimerais vous parler."
Partie conflictuelle : "Je suis là."
Dr Mack : "Quel est votre nom, s'il vous plait ?"
Partie conflictuelle : "Appelez-moi Perdu." [Voix masculine]
Dr Mack: "Bonjour Perdu ! Etes-vous masculin ou féminin?"
PERDU : "Je suis masculin."
Dr Mack : "Cela fait combien de temps que vous êtes avec Petrina ?"
PERDU : "Depuis qu'elle a six ans."
Dr Mack : "Quel rôle jouez-vous dans la vie de Petrina ?"
PERDU : "Petrina est seule et faible. Elle veut de l'attention. Son père aime le jeu et est toujours en colère. Elle ne va pas bien maintenant et je suis là pour l'aider."
Dr Mack : "Comment pouvez-vous l'aider, maintenant qu'elle a perdu ses souvenirs sur Aaron ?"
PERDU : [Pause] "Et bien... Aaron est gentil. Il aime sa famille et a de l'affection pour Petrina. Il a une petite entreprise appelée Marissa Professional Cleaners. Il a 27 ou 28 ans et n'est pas marié. Petrina ne veut pas avoir de relation avec lui et veut rester loyale envers son mari. Petrina l'aime bien mais elle sait

	qu'elle ne peut pas continuer avec lui. Aaron décide de mettre fin à leur relation et Petrina s'y oppose."
Dr Mack :	"Petrina, pourquoi vous opposez-vous à cette décision ?"
Petrina :	"Je n'ai pas le choix... J'ai commencé une dépression et ai essayé de me suicider à cause d'Aaron."
Dr Mack :	"Maintenant, je veux parler à la partie de Petrina qui veut l'aider à retrouver ses souvenirs et la rendre heureuse. Etes-vous là ?"
Partie Motivante :	"Oui, je suis là." [Voix féminine]
Dr Mack :	"Comment voulez-vous être appelée ?"
Partie Motivante :	"Appelez moi Heureuse."
Dr Mack :	"Heureuse, comment pouvez-vous aider Petrina ?"
HEUREUSE :	"Et bien, Petrina a envie de retrouver sa mémoire, mais PERDU s'y oppose parce qu'il pense que c'est trop pénible et qu'il vaut mieux qu'elle oublie tout ça."
Dr Mack :	"Mais quel est votre point de vue ? Ne pensez-vous pas que retrouver sa mémoire permettrait à Petrina de regagner sa joie ?"
HEUREUSE :	"Si, mais Petrina elle-même ne veut pas rencontrer Aaron."
Dr Mack :	"Petrina, pouvez-vous me parler et me dire ce qu'il en est ?"
Petrina :	[Pause] "J'ai essayé de l'appeler le lendemain de ma tentative de suicide... mais il a rejeté mon appel."

Cette petite conversation me montra l'histoire de Petrina comme une construction complexe et mystérieuse. Ce qui devenait plus clair c'est que le facteur décisif dans sa tentative de suicide en septembre n'était pas seulement lié à Joshua. Il y avait suffisamment d'indices maintenant pointant vers le rôle d'Aaron dans cette histoire. Malheureusement, le conflit interne de Petrina ne fut pas résolu lors de cette séance. Inconsciemment, elle restait ferme sur le fait de ne pas revoir Aaron. Je me dis que la raison en était qu'elle avait fait l'expérience de souvenirs très douloureux avec cet homme, et que ceux-ci étaient trop traumatiques pour continuer. La séance se termina après que j'eus réintégré les deux parties de Pétrina en elle.

Après avoir émergé de transe, Petrina se souvint qu'elle avait tendance à surfer sur Internet sur un site appelé "Marrisa Professional Cleaners" mais n'avait pas la moindre idée de pourquoi, jusqu'à maintenant. Pour la première fois, je compris vraiment ce que Petrina voulait dire lorsqu'elle décrivait son ressenti comme "bloqué".

Je fis une pause pour lui permettre d'aller aux toilettes. A son retour, je lui proposai de continuer la séance.

Je mis Petrina en transe une nouvelle fois et cette fois elle retourna sur son lieu de travail à la Consultation ophtalmologique avec sa supérieure, Shirlene. Au départ je la guidai, mais très vite, elle se mit à raconter.

"C'est un tyran... elle force les gens à faire des choses qu'ils ne veulent pas faire."

"Où êtes-vous maintenant ?"

"Je suis à la consultation, à faire les factures. La consultation est terminée. Et j'ai tout un tas de factures à faire. Il est déjà huit heures et demi du soir..." Elle se tut.

Petrina travaillait avant dans un salon de beauté pour une grosse organisation et elle s'en sortait bien comme responsable des ventes. Cependant, avec le stress de son mariage raté et sa forme physique déclinante, elle prit la décision de quitter cette entreprise début 2010 pour travailler à la consultation hospitalière pour un salaire moindre. La réception de la consulation avait deux comptoirs - l'enregistrement des patients et deux postes au guichet des paiements. Je savais que la charge de travail à la réception pouvait être très lourde durant les heures de pointe.

"Je suis encore à la consultation." soupira-t-elle. "Mon mari m'a appelée. Il m'attend à l'extérieur. Il veut que je signe un papier pour dire qu'il ne me donnera pas d'argent après le divorce." Ses yeux se remplissent de larmes.

"Je suis trop occupée. Il y a d'autres employées assises au comptoir... et elles pourraient aider... mais on me laisse tout gérer seule." Les larmes coulaient sur ses joues. "Joshua me force à partir... mais il y a tant à faire. Je ne peux pas partir... je dois encore appeler des patients pour confirmer leur prochain rendez-vous. Je ne comprends pas pourquoi les deux autres employées assises au comptoir ne m'aident pas. Juste parce que leurs supérieurs sont du même groupe ethniques qu'elles ?" Elle se mit à pleurer.

"C'est mon boulot... je suis d'accord pour le faire, mais je trouve que c'est injuste. L'autre employée de facturation n'a pas bien fait son travail et maintenant, il y a une énorme file d'attente. Il y a 300 patients... seulement deux postes à la facturation. Je ne comprends pas... Il y a seulement 20 enregistrements et ils n'ont pas besoin de trois postes au comptoir des enregistrements... Personne ne veut changer pour la facturation. On devrait en déplacer une à la facturation. Je fais tout toute seule..." Il y avait de la détresse dans sa voix.

"Que se passe-t-il ensuite ?"

"Joshua m'oblige. Je dois y aller. Personne ne m'aide… Il n'y a pas d'esprit d'équipe. J'ai craqué. J'ai appelé ma responsable. Je lui ai dit que je ne peux pas venir au travail demain... Physiquement et moralement vidée. J'ai besoin de m'absenter. Ma responsable dit : 'Pourquoi ne venez vous pas demain et nous en parlerons ?' Donnez moi juste une semaine pour résoudre mes problèmes physiques et émotionels et je reviendrai au travail... C'est différent. Son mari ne l'a pas trahie... il ne l'a pas battue. On ne peut pas comparer. C'est seulement une semaine d'absence... et tellement difficile à obtenir." Sa voix était bouleversée. "Je lui ai dit que dans ce cas je vais donner ma démission. Un mois de préavis et je me reposerai à la maison... après demain."

"Je suis retournée... elle répète la même chose. Je suis si fatiguée. Pas le choix. Je veux prendre une semaine pour finaliser le divorce. Elle ne veut pas m'aider... Je n'y arrive pas. Elle me hait... elle dit que je la menace. Elle dit : 'Si vous me menacez, je vais vous virer. Faites-moi confiance, concentrez vous sur votre travail et tout ira bien.'"

"J'ai commencé à perdre conscience plus souvent. Les évanouissements à l'heure du déjeuner sont réguliers. Je demande un transfert de la consultation subventionnée vers un service plus léger."

"J'ai besoin de partir... de me reposer." Il y avait du désespoir dans sa voix. "Elle m'a appelée dans son bureau. Elle dit qu'elle est déçue. 'Votre performance est en chute libre,' dit-elle. J'ai essayé de négocier. [pause] J'ai besoin de me reposer. Je déteste cette façon de me forcer. Juste une semaine d'absence... si difficile. J'ai tellement besoin de me reposer. Je le lui ai dit car je vois bien que mes problèmes personnels m'affectent. Je n'arrive pas à me concentrer. Pourquoi n'approuve-t-elle pas ? Si cela diminue mes primes, tant pis ! Je suis fatiguée... j'ai besoin de repos. Sa réponse reste négative." Petrina commença à sangloter.

"Ma pause déjeuner est de 13 heures à 14 heures. Quelque fois je n'ai qu'une demi heure. Une fois, il y avait 50 patients et seulement une intérimaire qui n'y connaissait rien. J'ai tout à faire toute seule. Je me dis que je peux y arriver, mais pourquoi est-ce que je travaille si dur ? Personne ne va s'en rendre compte. Je ne vais jamais supplier qui que ce soit juste pour une semaine... Si difficile d'obtenir un congé sans solde. Je lui ai dit que je veux trouver une autre façon de gérer mon stress. Accordez-moi de courtes vacances et je pourrais régler mes problèmes et revenir... Elle s'en fiche. Je commence à me demander... est-ce que ce n'est pas moi qui devrais être déçue d'elle ?

"Il faut que j'affiche un sourire pour aller travailler. Je ne peux pas tout raconter à ma mère. J'ai également à faire face à mon père (beau-père)."

"Je me suis évanouie à l'extérieur du centre cancérologique. Elle (Shirlene) a dit : 'Vous vous détériorez. Vous ne pouvez blâmer personne d'autre que vous pour ce qui arrive aujourd'hui !' A ce moment, j'avais juste subi un avortement. J'avais besoin de repos. Elle dit : 'J'ai subi le même genre de chose et je suis venue travailler. Je peux le faire... vous pouvez le faire. Je suis passée par là.'"

"Je me suis dit... Pourquoi ne pas se reposer et ne plus se réveiller ? Je suis si fatiguée. Le salaire est si bas et elle s'attend à ce que je travaille de si longues heures... Elle dit : 'Dans votre travail précédent, c'était sept jours sur sept,' … Mais j'étais payée 2100 dollars contre 1300 dans mon travail actuel. Je ne veux pas faire d'heures supplémentaires... Ma demande de congés sans solde n'a pas été approuvée. Que devrais-je faire ? Elle a reconnu que c'est elle qui me met la pression."

A ce moment, Petrina plongea en pleine catharsis.

Je laissai une ou deux minutes à Petrina, pour lui permettre de passer le pic émotionnel. J'avais appris dans ma formation que la détresse émotionnelle non exprimée était emmagasinée et accumulait de la pression dans le système corporel. Plus l'on exprime ses émotions négatives, plus les symptômes disparaissent.

La thérapie de régression intensive était difficile pour Petrina et moi. Je mis en terme à la séance. Nous avions tous les deux besoin d'une pause et nous fûmes d'accord pour reprendre la thérapie en début de semaine suivante.

Ce qui m'inquiétait était que les évanouissements de Petrina se produisaient toujours malgré l'intensité de la thérapie. A cet égard, je me dis qu'il fallait que je trouve un moyen de suivre la fréquence et la gravité de ses évanouissements. Je lui demandais de tenir un suivi de ses syncopes pour que je puisse enregistrer ses progrès. Elle me surprit en disant qu'elle tenait un journal depuis qu'elle était jeune et qu'elle pouvait très bien noter non seulement ses évanouissments, mais également tous les symptômes importants et ses sentiments. J'en fus ravi. La tenue d'un journal pouvait s'avérer être un instrument important dans son chemin de guérison. Le fait d'entrer des informations dans un journal permettrait de s'exprimer par écrit, ce qui stimulerait prises de conscience et clarté mentale. En fin de compte, cela donnerait une consistence et un sens à son ressenti. Immédiatement, je l'encourageai vivement à continuer. Maintenant elle avait un endroit où noter les sentiments qui lui semblaient trop pénibles ou trop honteux pour les confier aux autres.

    Petrina avoua qu'avec la récente détérioration de sa santé, elle avait interrompu son habitude de tenir un journal, mais son intention était de reprendre. En fait, elle avait récemment brûlé le dernier volume de son journal, car elle voulait vraiment sortir certaines personnes de sa mémoire. Cependant, elle n'avait aucun problème pour reprendre la tenue d'un journal. Après tout, sa perte de mémoire l'avait tellement handicapée socialement qu'elle pensait qu'elle avait besoin de garder une trace de certains événements et sensations pour les retrouver en cas de besoin. Je pensais que cet enregistrement d'expériences et d'émotions lui permettrait de garder une trace des mesures qu'elle prendrait pour aller mieux.

    Il était 17h50. Je mis fin à la séance et comme le jour précédent, j'accompagnai Petrina vers la sortie. Bien qu'elle venait de vivre une catharsis intense, elle fut en mesure d'afficher un sourire avant de partir.

Chapitre Six

La voix intérieure

La vie est difficile.
Ceci est une des plus grandes vérités.
C'est une grande vérité car, une fois que l'on voit vraiment cette vérité, on la transcende.
Une fois que l'on sait vraiment que la vie est difficile –
une fois que l'on comprend et accepte vraiment cela –
alors la vie n'est plus difficile.
Parce qu'une fois que c'est accepté, le fait que la vie est difficile n'a plus d'importance.
– M. Scott Peck

Les quatre jours suivants furent un moment éprouvant dans la vie de Petrina, à la fois physiquement et émotionnellement. Bien qu'elle fût à la maison à se reposer, elle se retrouva constamment bombardée de flashbacks. Elle avait acheté un nouveau journal et se remit à écrire. Ce fut une bénédiction, car elle pouvait maintenant garder une trace de ses progrès.

Le jeudi 2 décembre, Petrina se leva à 7h30 du matin, se sentant étourdie et nauséeuse. Elle prit un petit-déjeuner léger vers 9h. Alors que la sensation de nausée persistait, elle retourna au lit. Juste avant de s'allonger, elle eut à nouveau des bourdonnements dans les oreilles. Elle s'allongea immédiatement. Elle entendit la chose suivante juste avant de s'évanouir :

"Petrina, c'est vous qui rabâchez ! Je vous ai dit plusieurs fois que si je peux y arriver, vous pouvez y arriver aussi ! Tous ces problèmes de santé que vous avez, c'est vous-même qui les causez. Ce que vous avez traversé, je l'ai vécu aussi. Tout ça vous dévore et affecte votre performance. Je suis très déçue de vous ! Prendre du repos ne va pas vous aider ; ce congé ne pas pas aider ! Faites-moi confiance, vous pouvez y arriver sans congés. Vous ne pouvez pas vous permettre du temps pour y penser ; ça va prendre fin bientôt !"

La voix était familière et semblait appartenir à sa responsable Shirlene. Elle n'aimait pas la voix. "J'éprouve un sentiment de frustration, je me sens sans défense et piégée, comme si j'étais forcée de faire des choses que je ne veux pas faire..." écrivit-elle dans son journal.

Peu après avoir entendu la voix, l'état de conscience de Petrina faiblit et elle tomba dans un sommeil profond durant plusieurs heures. Elle se réveilla à 2h de l'après-midi, égarée. Elle ne se rappelait ni des trois dernières séances de thérapie, ni de sa responsable Shirlene. Elle se sentait inquiète de voir sa condition s'aggraver. Elle m'appela pour me confier son mal-être. Comme auparavant, je continuai lui insuffler de l'espoir, et la rassurer sur le fait que sa condition était sous contrôle et nécessitait du temps pour s'améliorer.

Les choses s'éclaircirent. A 2h30, des appels téléphoniques de félicitations arrivèrent de ses collègues. La direction des Ressources Humaines avait récemment lancé une "enquête mystère" pour attribuer un Prix d'Excellence du service. Apparemment, Petrina avait gagné le prix et sa photo avait été affichée sur tous les murs du service d'Ophtalmologie. A ce moment, elle fut si heureuse qu'elle oublia son état de frustration précédent.

Quinze minutes plus tard, elle reçut un email de félicitations d'une collègue avec une photo. Lorsqu'elle ouvrit la photo jointe, toute sa frustration, sa colère et son sentiment d'être piégée refirent surface !

Ce qui s'était passé, c'est qu'il y avait deux gagnantes du prix et que l'autre gagnante était sa responsable, Shirlene. L'ironie de la situation est que deux photos étaient affichées côte à côte dans l'annonce ! Petrina s'évanouit à cette vue.

J'étais à la fois inquiet et désemparé. Chaque nouvelle syncope contenait la perspective pathologique d'une prolongation des pertes de mémoire à court terme. De plus, chaque nouvel évanouissement semblait approfondir son sens du désespoir, comme si tous ses efforts pour se soigner étaient vains.

A 18h45, elle se réveilla, se sentant beaucoup mieux. Cependant, elle n'arrivait pas à se souvenir de grand chose, même pas ce qu'elle avait pris au petit-déjeuner. Elle eut peur et se demanda si éventuellement elle n'allait pas se mettre à tout oublier. Elle ouvrit son journal et recommença à écrire. Quelques unes des entrées importantes de son journal sont reproduites en italiques ci-dessous.

Jeudi 2 décembre
⇨ 23h45

Je suis encore éveillée et j'ai peur d'aller dormir et de me réveiller demain en ayant encore perdu la mémoire... J'écoute ma musique préférée en espérant que ça me ramène des souvenirs, comme je le fais tous les soirs avant d'aller au lit. Mon corps et mon esprit sont très fatigués et pourtant, je n'arrive pas à dormir sans somnifères et anxiolytiques. Ça fait trois ans que je n'ai pas vraiment dormi. Je me demande s'il n'y aurait pas une meilleure option pour arriver à dormir profondément ; au moins, c'est le seul moment où je peux vraiment me reposer. D'un autre côté, quand je pense à ma famille et à toutes ces choses que je veux voir dans le monde, je ne peux pas laisser tomber... je me sens perdue, envie de penser à rien, envie de pleurer et rien ne vient... incapable de pleurer comme lorsque j'étais plus jeune.

Ça ne me ressemble pas. Je veux retrouver la Petrina confiante, heureuse et positive, mais au fur et à mesure que les jours passent, je commence à sentir que je perds ma mémoire de plus en plus et que je vais de plus en plus mal. Peut-être que je n'arrive juste pas à me détendre, je n'arrive pas à trouver la paix intérieure. Je prie juste très fort pour ne pas me réveiller demain avec d'autres souvenirs perdus.

Petrina ne dormit pas bien cette nuit là et fut réveillée deux fois par deux voix différentes. A 4h du matin, elle entendit une voix d'homme qui ressemblait à celle de son mari, lui disant :
"Je ne t'aime plus ! La raison pour laquelle je reste avec toi est ton argent, idiote !"
A 7h du matin, elle se réveilla à nouveau se sentant étourdie et nauséeuse. Elle eut des hauts le coeur, mais ne réussit pas à vomir. Ce fut un moment terrible. Le reste de la journée, elle fut dérangée dans son sommeil par des hallucinations auditives.
Aux environs de 10h du matin, elle fut réveillée à nouveau par la voix de Shirlene lui disant à quel point elle était déçue par sa performance. Cette voix aggravait de manière significative la pression mentale qu'elle ressentait en plus du fardeau émotionnel qu'elle portait. Peu de temps après, alors qu'elle allait se rendormir, elle entendit une voix masculine lui dire : "Petrina, tu es fatiguée... tu devrais lâcher prise... laisse-toi aller dans un sommeil profond..."
Petrina se réveilla à 14h fatiguée en plus de ses sensations d'étourdissement et de nausées. Ces symptômes la dissuadèrent de fumer et elle pensa que ce n'était pas plus mal. Elle retourna dormir et se réveilla aux environs de 21h30, toujours très fatiguée.
Elle n'avait pas un sommeil de bonne qualité. Elle pouvait entendre sa mère en train de faire ses bagages dans sa chambre et dans le séjour, alors même qu'elle était censée dormir. Plus tard le même soir, sa mère lui dit qu'elle avait reçu de mauvaises

nouvelles de la tante Jasmine (Fig. 1). La condition médicale de Tante Jasmine s'était détériorée. Elle souffrait d'un cancer du sein avancé, et maintenant elle avait des métastases qui se répandaient dans d'autres organes. Elle avait refusé la chimiothérapie pour des raisons financières, préférant garder son argent pour l'éducation de ses enfants. Tout ça était déprimant. Petrina se dit qu'il y avait trop d'événements malheureux qui arrivaient en même temps.

*****

Samedi, Petrina se réveilla à 7h du matin, le coeur lourd. Elle eut des flashs d'images de Joshua et Hazel.

Hazel était une Eurasienne qui avait été sa meilleure amie, jusqu'à ce qu'elle se rende compte qu'elle avait une liaison avec Joshua. Ensuite, Hazel avait décidé d'émigrer au Canada. Petrina n'avait rien su de cette liaison et était même allée chez elle pour l'aider à faire ses bagages pour son voyage. Pendant qu'elle empaquetait dans la chambre, elle avait trouvé fortuitement une photo intime de son mari avec Hazel. A partir de ce moment, elle avait réalisé que son amitié avait été trahie. Depuis, à chaque fois qu'elle parlait de la découverte de cette photo particulière, elle était secouée.

Ensuite, elle eut un autre flash-back d'elle suppliant Shirlene en vain, pour qu'elle approuve ses congés sans solde. C'était la première fois de sa vie qu'elle avait dû oublier sa dignité pour mendier de l'aide et néanmoins, cela lui avait été refusé. C'était également la première fois qu'elle avait craqué sur son lieu de travail.

Samedi 4 décembre
⇨ *7h10*

Je peux me souvenir que je ne suis pas le genre de personne à verser la moindre larme devant des étrangers. Et pourtant, avec toute la pression que j'ai subie, je pensais que j'avais le droit de me reposer. Mais j'ai du chemin à faire. C'est très fatigant de porter un masque au travail, de sourire, je me sens triste, frustrée, perdue et désarmée.

Je pense que Shirlene a mis la pression sur moi, sans s'en rendre compte. Peut-être est-elle bien intentionnée, mais tout le monde ne peut pas gérer le stress comme elle. Rien que d'y penser, toute la frustration et l'instabilité émotionnelle reviennent... Il me semble que ses prétendues attention et inquiétude sont juste là pour montrer au reste du personnel qu'elle se soucie, mais me semblent fausses !

J'en suis arrivée au point où ça ne vaut pas la peine de me rendre aussi misérable. Pourquoi ne pas juste oublier tout ça, ne penser à rien. Puisque je n'ai pas la solution... je dois passer à autre chose. Que ça me plaise ou non, c'est la vie.

Aux environs de 9h, Petrina essaya d'appeler sa tante par alliance. Plus tôt, sa mère lui avait demandé d'aller chercher un billet de cinéma et elle voulait avoir confirmation de la venue de la tante. Cependant, tout d'un coup, elle oublia le but de son appel et n'était même pas sûre de la reconnaître. Cela l'inquiéta. Ensuite, elle essaya de rationaliser son inquiétude. C'était probablement parce qu'elle ne la voyait pas souvent. Malheureusement, le son strident retentit soudainement dans ses oreilles et elle s'évanouit une fois de plus.

Cette fois-ci, l'évanouissement dura deux heures et demi et personne dans la maison ne le remarqua. Son frère était profondément endormi pendant tout ce temps-là. Elle revint à elle aux environ de 11h50 dans le salon, avec une grosse migraine et une sensation de faiblesse.

Petrina dormait dans la même pièce que son second frère dans un appartement surpeuplé. Il travaillait aux Ressources Humaines et avait entrepris des études complémentaires pour obtenir un diplôme. Elle devait le réveiller pour qu'il aille à ses cours dans l'après-midi, mais à sa consternation, elle avait totalement oublié !

Samedi 4 décembre
⇨ *15h02*
Je me sens un peu instable, je n'aime pas ce sentiment. Plus je me dis que je veux recouvrer la mémoire, plus il me semble que j'oublie. Peut-être que je me mets trop la pression.

A présent, je savais que Petrina n'était pas quelqu'un qui abandonnerait facilement. Elle avait beaucoup de résilience et semblait affronter les orages avec courage. Elle avait l'habitude de me tenir au courant de son état en envoyant des messages SMS et je saisissais ces occasions pour lui insuffler de l'espoir dans mes réponses. A 18h40, j'envoyai un message à Petrina.

"Bonsoir... Je crois que chaque amélioration, petite ou grande est un grand pas en avant. Gardez le moral. Soyez certaine que vous allez guérir et à temps pour retourner travailler."

"Merci, Dr Mack. Je vais aller mieux."

Les choses semblèrent arriver à un tournant dans la soirée. A 21h le sentiment de bien-être de Petrina s'était amélioré. Elle était bien éveillée et étonnamment n'était pas du tout fatiguée. Elle n'avait plus cette sensation d'étourdissement. Enfin, elle avait l'impression d'être de retour à la normale. L'optimisme gagnait.

La pendule sonna 3h du matin. Elle était parfaitement éveillée avec aucun sentiment d'assoupissement. Pendant un moment, elle se demanda si elle avait trop dormi durant la journée ou si elle s'était conditionnée avec la peur de perdre un peu plus de souvenirs à chaque fois qu'elle aurait dormi.

Elle prit son album de photos et rumina sur sa relation détruite avec Joshua. La fin de son mariage qui avait conduit à la détérioration de sa santé l'attristait. Rien de ce qu'elle avait pu faire n'avait permis de changer les choses. Elle se sentait "piégée" dans une situation où le coût pour changer le cours de sa vie semblait trop élevé. Elle avait l'impression d'être en prison sans possibilité de liberté conditionnelle.

Plus tard, alors qu'elle pleurait sur son mariage raté, elle commença à dessiner (Fig. 2). Je l'avais encouragée à exercer ses talents artistiques en espérant que cela lui donnerait l'opportunité d'évacuer ses émotions. J'avais appris lors d'une formation précédente que le fait de représenter ses émotions dans une expression artistique avait une valeur thérapeutique. Je ne me doutais pas que ce processus se révélerait être un outil thérapeutique puissant dans sa guérison.

Fig. 2: "Beau mais brisé"

Plusieurs des dessins de Petrina sont reproduits dans ce livre car ils représentent très exactement ses changements d'humeur. Tandis que je la suivais, je découvris bientôt que ces dessins étaient le produit de son inconscient et contenaient une signification symbolique. Je m'étais demandé auparavant comment je pouvais mieux comprendre son monde intérieur, et il semblait maintenant que j'avais trouvé une façon de le faire.

Fig. 3 : "Un voeu qui ne va pas se réaliser"

Dans la quiétude du matin, alors que Petrina exprimait ses émotions de manière artistique, elle ressentit une forme d'incertitude. C'était comme Déméter dans la mythologie grecque, qui errait vainement à la recherche de sa fille perdue Perséphone. Elle avait été déprimée de sa décision de se marier jeune et ne savait pas quoi faire de sa vie à partir de là. La relation dysfonctionnelle de ses parents l'avait consternée depuis toute jeune et elle avait espéré vivre par contraste un mariage heureux très tôt dans sa vie.

Joshua et elle étaient amis depuis l'adolescence et se connaissaient depuis treize ans, alors qu'ils vivaient dans le même quartier. Malgré de nombreuses querelles et disputes, ils décidèrent qu'ils étaient destinés l'un à l'autre et se marièrent. Elle n'avait jamais pensé que son mariage pouvait se terminer en désastre.

Ce qui était notable à ce stade, c'est qu'elle avait des regrets lorsqu'elle comparait sa relation avec Aaron et celle qu'elle avait avec son mari.

Dimanche 5 décembre
⇨ *2h52*

Je regarde encore mon album de photos de mariage. On dirait que mon coeur saigne tant l'émotion est forte, similaire à ce que je ressens pour Aaron, mais légèrement différente... Vis-à-vis de mon mari, je ressens de la trahison alors que vis-à-vis d'Aaron c'est juste des regrets. J'ai essayé de ne pas penser à Aaron, mais les dernières heures, j'ai eu des flashs de moi en compagnie d'un homme très grand et hâlé. Aucun de mes amis ne ressemble à cela... Est-ce que c'est mon imagination ou bien cet homme est Aaron ? Rien que de penser à lui et je me sens à nouveau prise de vertiges...

La nature exacte de sa relation avec Aaron m'était encore inconnue à ce stade, mais était quelque chose qu'elle et moi devions découvrir ensemble durant la semaine suivante. Tandis qu'elle finissait d'écrire la dernière phrase, elle recommença à entendre ce son sifflant dans les oreilles. Les vertiges firent leur apparition et cela fut suivi par une voix d'homme qui disait : "Tu es bien la dernière personne à qui je ferais du mal." Et d'elle même répondant : "Mais tu m'as déjà fait du mal !" Ce dialogue était familier - il avait l'air identique à celui que j'avais entendu avant de Petrina.

Ce qui suivit immédiatement fut la voix de sa responsable, la réprimandant pour avoir attiré à elle ses problèmes de santé. La voix de Shirlene avait toujours un impact très négatif. Cette fois, après avoir entendu la voix, Petrina eut un évanouissement qui dura sept heures. Elle glissa dans un sommeil profond et lorsqu'elle se réveilla aux environs de 10h du matin, elle eut peur de le dire à sa mère. A chaque fois qu'elle entendait la voix ou le nom de Shirlene, elle se sentait très agitée, frustrée, en colère, piégée et sans défense (Fig. 4). Cette fois-ci, elle se sentit plus optimiste, car, après son réveil, elle fut capable de se souvenir de ce qui s'était passé.

Fig. 4 : "Quand arrêtera-t-elle de me hanter ?"

Le reste de la journée ne fut pas agréable. Elle continua d'être hantée par des voix. Pendant longtemps, on a communément pensé qu'avoir des hallucinations auditives était pathologique et le signe de maladie mentale. Cependant, durant la courte période pendant laquelle j'avais travaillé avec Petrina, je ressentis intuitivement qu'il s'agissait d'autre chose dans son cas. Il était intéressant de noter que durant son épreuve, elle avait été capable d'identifier sa propre voix intérieure parmi les différentes voix qu'elle avait entendues.

Dimanche 5 décembre
⇨ *13h17*
Les dernières heures, j'ai entendu des voix. "Ne pense pas à Shirlene. C'est elle qui aggrave la pression. Qui est à l'origine de ce que tu vis maintenant, ne la laisse pas gagner. C'est une hypocrite ! Elle sait ce que tu endures, mais elle te met la pression."

Petrina resta encore éveillée jusqu'à 1h du matin et était bombardée de flashs d'images en plus des voix. Cette fois-ci, elle eut en plus des maux de tête. C'était très fatigant et elle se demandait quand tout cela finirait. Elle s'endormit enfin et se réveilla en bonne forme à 9h20 le lendemain.

Le lundi 6 décembre fut un jour ensoleillé. Elle se sentait mieux et reposée, la turbulence de ce qui s'était passé la veille était maintenant derrière elle. Elle se souvint qu'elle avait un rendez-vous avec moi pour sa quatrième séance de thérapie et se mit à être impatiente.

Elle quitta sa maison tôt pour passer aux Ressources Humaines afin de régler une affaire. Elle se souvint qu'une collègue l'avait appelée durant le week-end pour la féliciter d'avoir gagné le Prix du Service au Client. Elle arriva au Département des Ressources Humaines aux environs de 13h pour récupérer son prix - un bon de 10 $. Elle prit son bulletin de salaire en même temps. Sur son chemin, elle vit que sa photo était affichée dans tous les ascenseurs du bloc et se sentit euphorique. Cependant, dans un des ascenseurs, elle vit que la photo de Shirlene était affichée à coté de la sienne. Ceci déclencha immédiatement des voix dans son oreille gauche et annonça une syncope imminente. Heureusement, sa mère l'accompagnait et elle s'arrangea pour surmonter les symptômes rapidement sans s'évanouir. Elle se pressa jusqu'à ma consultation et à 13h45 elle m'alerta de son arrivée par l'envoi d'un SMS.

Elle sembla mal à l'aise et je l'aidai rapidement à s'asseoir. Une fois installée dans mon cabinet, elle me fit part d'une de ses expériences mentales durant le week-end.

Elle avait eu la "vision" d'un homme grand et hâlé entrant dans un cinéma. Elle n'était pas sûre de son identité. Elle se reporta à ses photos de mariage et cet homme ne ressemblait pas à son mari. La description ressemblait plutôt à Aaron, mais elle n'était pas sûre. Egalement, elle avait trouvé le nom et le numéro de téléphone d'Aaron dans les contacts sur son ordinateur, mais une force inexplicable l'empêchait de l'appeler. Elle n'était tout simplement pas prête à composer le numéro.

Alors que je préparais le divan pour la séance, Petrina s'absenta pour aller aux toilettes. Quelques minutes après, j'entendis le bruit d'une chute à l'extérieur de mon cabinet.

Mon coeur se serra…

Chapitre Sept

Les profondeurs du désespoir

De même que le corps subit un choc après un traumatisme physique, le psychisme humain subit un choc après l'impact d'une perte importante.

– Anne Grant

Au son de la chute, je me précipitai hors de la pièce. Et voilà que Petrina se trouvait allongée sur le sol du couloir, inconsciente et inerte. Elle avait été victime d'une syncope. Une agitation s'ensuivit et plusieurs infirmières arrivèrent sur les lieux.

Pendant quelques secondes, je fus stupéfait. Heureusement, une autre patiente assise dans la salle d'attente avait été témoin du malaise et la vit s'affaisser et tomber sur l'épaule droite. Elle m'assura que Petrina n'avait pas heurté sa tête durant la chute. Je me sentis soulagé.

Elle fut rapidement transférée sur la table d'examen et je fis un bref examen clinique pour m'assurer qu'elle n'avait pas de fractures évidentes ou de blessures dues à la chute. Ensuite, je la laissai se reposer. Elle récupéra doucement sa clarté d'esprit. En attendant, je rassurai les infirmières sur le fait qu'il ne s'agissait pas de son premier évanouissement et qu'elle était en train de s'en remettre.

Plusieurs pensées traversèrent mon esprit tandis que j'attendais. Petrina avait eu un week-end difficile et avait supporté courageusement toute la tempête émotionnelle. Elle semblait s'évanouir à chaque fois qu'une amélioration se produisait. Je ressentais la pression de veiller sur quelqu'un qui avait besoin d'une attention toute particulière et d'une surveillance rapprochée. J'avais réorganisé ma consultation clinique pour accommoder ses besoins thérapeutiques. Cependant, je n'étais pas sûr que mon énergie pouvait soutenir l'intensité de son épreuve !

Les minutes passèrent... Elle recommença à bouger progressivement ses membres et ouvrit les yeux lentement. J'avais l'impression que ça avait pris tout l'après-midi.

Lorsqu'elle fut entièrement revenue à elle, Petrina me dit qu'elle éprouvait une sensation particulière "de suffocation" au moment où elle était sur le point de s'évanouir. Après avoir réfléchi, elle décida qu'elle voulait tout de même sa séance.

De mon côté, j'hésitais. Serait-il dans son intérêt de reporter la séance à un autre jour ? Cependant, elle fut ferme. Et je fus intrigué par ce nouveau symptôme de se "sentir suffoquer". Intuitivement, je sentis que quelque chose de primordial était sur le point d'être révélé. Je fus d'accord pour démarrer.

"Fermez les yeux et prenez une inspiration profonde. Concentrez votre attention sur la sensation de suffocation…" dis-je doucement.

Comme par magie, Petrina fut en transe rapidement et retourna à un événement effrayant.

"Il me bat. C'est Joshua…" détresse dans la voix.

"Dites-moi ce qui se passe."

"La ceinture…" des larmes s'accumulaient dans ses yeux. J'étais interloqué.

"Il me frappe avec sa ceinture..." continua-t-elle, à mon plus grand effroi. Une histoire de violence brutale et d'abus physique venait d'émerger alors que je ne l'attendais pas.

"Que se passe-t-il ensuite ?"

"Je peux les voir Hazel et lui ensemble dans le lit. Ils m'ont trahie. J'ai jeté Hazel hors de la maison... Je n'ai rien fait de mal." Des larmes commencèrent à rouler sur ses joues.
"Quelles sont vos émotions à ce stade ?"
"De la haine," dit-elle fermement.
"Quelles sont les pensées qui vont avec la haine ?"
"Je l'aime tellement et il m'a trahie." Elle commença à pleurer.
Dans un flot d'émotions, une autre histoire se mit à émerger.
"Il a utilisé sa ceinture pour battre mon chien aussi... Il saigne."

J'appris plus tard que Petrina avait deux chiens chez elle et l'un d'eux venait piteusement se réfugier auprès d'elle après avoir été battu. L'autre chien s'était enfui et n'avait jamais été retrouvé.

"Que se passe-t-il ensuite ?"
"Il a quitté la maison," continua-t-elle. "Je suis allée chercher de l'aide, mais je ne veux pas lui créer des problèmes. Je pensais que si je lui donnais une chance, il changerait. Quand il est en colère, il utilise sa ceinture pour me battre. Il veut juste mon argent... c'est tout. Il n'est pas revenu... et j'ai attendu." Elle était en pleine catharsis.

"Qu'avez-vous fait quand il n'est pas revenu ?"
"Je suis allée chez Hazel. Je les ai vus ensemble dans le hall de l'immeuble. Je les ai suivis jusqu'à la voiture et je leur ai demandé : 'Pourquoi ?...' C'est elle qui dirige tout ça... Il dit : 'Je n'ai plus besoin de toi.' J'ai passé sept ans dans un mariage vide. Il a cogné ma tête contre la fenêtre de la voiture. J'ai commencé à saigner sur la partie gauche de mon front... Je suis revenue. Je ne l'ai jamais supplié comme cela avant." Elle continua à sangloter.

Il y eut une longue pause. Elle sauta soudainement à un autre évènement.

"Tellement de choses à gérer. Ma responsable n'aide pas. Elle m'a dit : 'Ce que vous avez traversé, je l'ai traversé.' Elle ne comprend pas. C'est si difficile de pouvoir se reposer. Il vaudrait mieux s'endormir et ne jamais se réveiller."

"Elle dit que je suis inutile. Je suis d'accord pour faire mon travail et que vous me donniez un congé, mais vous n'avez pas le droit de m'insulter. Elle dit : 'Vous avez attiré cela à vous. C'est votre choix. Vos évanouissements sont provoqués par le fait que vous fumez beaucoup trop. N'allez pas blâmer quelqu'un d'autre.' Elle a utilisé des mots blessants."

"J'ai travaillé tellement dur pour elle et pourtant, elle ne m'apprécie pas. J'arrivais à traiter soixante à soixante dix enregistrements et factures sans me plaindre. Et c'est comme cela que je suis récompensée. Je lui ai dit qu'il n'y a pas un seul employé junior qui peut gérer soixante dix patients comme je le fais... Elle répond que je l'ai menacée. Je lui ai dit que puisque nous ne sommes pas d'accord, je veux être transférée dans un autre service. Elle répond : 'Vous vous êtes mise dans cette situation. Vous n'avez pas besoin de congés.' Je commence à me demander. A quoi sert la Consultation d'Ophtalmologie ? Est-ce le service va s'écrouler si une personne s'absente ? Je vois son égoïsme. Elle ne pense qu'à elle-même et à utiliser les autres. Elle dit : 'Je suis si déçue de vous. Votre performance coule à pic.'"

"Je dois afficher un sourire pour aller au travail tous les jours. J'ai tendance à faire des erreurs... Je suis si fatiguée. Est-ce que je dois aller au Ministère du Travail pour obtenir le congé ?" Sa voix se mit à décroître au fur et à mesure que le désespoir la gagnait.

Il y eut une longue pause.

Alors soudainement, pleurant, elle retourna subitement dans son histoire avec Joshua. "Oh ... Ne me frappe pas ! Joshua me bat. Je ne comprends pas..." Petrina sortit brutalement d'hypnose avec un regard effrayé.

Le traumatisme émotionnel avait l'air très profond ; probablement trop douloureux pour continuer. J'attendis un bon moment qu'elle regagne sa conscience avant de démarrer une conversation. Elle pouvait se souvenir de tout ce qu'elle avait raconté durant la transe. Dans l'état conscient, elle fut capable de remplir les blancs de son histoire.

Elle commença à m'expliquer. "J'ai oublié de laver ses vêtements un jour et il m'a attachée au lit pour me battre," (Fig. 5) dit-elle avec un calme surprenant. "Je n'ai pas osé aller chez ma mère pendant trois ans à cause de la ceinture. Je ne veux pas porter plainte non plus. S'il a des ennuis, ma belle-mère en subira les conséquences. S'il va en prison ma belle-mère va s'effondrer. Elle est vieille et Joshua connaît mon point faible."

"J'ai quitté mon mari et suis repartie chez ma mère depuis mai 2010, parce que je ne peux plus supporter tout cela. Ma belle-mère a quatre-vingts ans et doit encore travailler comme plongeur dans un restaurant pour ramener de l'argent à la maison. Elle vit avec Joshua. Les derniers mois, elle a découvert que Joshua me battait. Elle a suggéré que je porte plainte à la police, mais je ne voulais pas. Elle dit qu'elle préfère rester seule plutôt qu'avec un fils si indigne."

C'était une histoire déchirante. Il était diffile pour moi d'imaginer que quelqu'un pouvait avoir un comportement aussi abominable avec son épouse. Plus tard, j'appris que le comportement sadique de Joshua allait au delà de l'utilisation de la ceinture. Il se servait également d'une batte de base-ball qu'il plongeait dans de l'eau glacée et appliquait sur les blessures de Petrina après l'avoir fouettée. Elle endurait la douleur sans possibilité de se défendre. Sa peau se mettait à peler en conséquence des blessures causées par le froid.

Fig. 5: "Je n'avais pas lavé ses vêtements et il m'a attachée"

Après avoir séché ses larmes, Petrina sembla avoir une meilleure compréhension de sa peur de la ceinture, et pourquoi elle avait le sentiment "d'être piégée". Avant que nous terminions la séance, elle ouvrit son sac et me montra son journal.

C'était un très beau journal, avec une couverture rigide pleine de jolis dessins de type sentimental. Sur le haut à gauche de chaque page, on retrouvait l'image d'un papillon violet. Les entrées de son journal étaient réalisées d'une jolie écriture cursive, séparées de dessins représentant ses émotions. Je ne peux m'empêcher de reproduire certains de ses dessins dans ce livre, car ils illustrent mieux que des mots son monde émotionnel.

Je pensais que c'était un bon moyen pour que Petrina ait une compréhension de son propre psychisme et de ce sentiment envahissant de vulnérabilité, au travers de son expression artistique. Sa tendance à sous-estimer sa capacité à résoudre les problèmes avait ralenti son processus de rétablissement. La possibilité d'explorer ses pensées et images spontanées à travers des dessins l'avait aidée à structurer ses situations problématiques et à faire face à ses peurs.

Lundi 6 décembre
⇨ *14h*

Aujourd'hui je me suis souvenue de comment mon ex-mari m'avait battue avec sa ceinture pour ne pas avoir lavé ses vêtements. Toute la douleur, la haine et les sentiments refoulés sont revenus à la surface. J'ai toujours eu peur des ceintures mais je n'arrivais pas à savoir pourquoi... Aujourd'hui après la thérapie, j'ai finalement eu la réponse. Je me suis toujours sentie piégée, parce que la dernière fois que Joshua m'a battue... il m'a attachée au lit... Il utilise la ceinture pour me frapper. A ce moment là, mes sentiments pour lui étaient l'Amour et la Haine.

⇨ *20h45*

J'avais l'habitude de croire qu'on peut tout contrôler, mais il semble qu'une émotion comme l'amour n'est pas quelque chose que l'on peut contrôler. En ce qui concerne l'amour, il n'y a pas de bien ou de mal... Ou peut-être, devrais-je dire, dans une relation/mariage l'amour existe-t-il ou non... ?

⇨ *21h18*

Beaucoup disent que c'est votre choix d'être heureux ou non, mais s'ils vivaient ce que je viens de passer... peut-être qu'ils penseraient comme moi. On doit trouver ce qu'est le "Lâcher-Prise" avant de pouvoir trouver le bonheur...

Chez elle, ce soir là, après que Petrina se soit bien reposée et mise en mode relax, elle réalisa un des dessins les plus extraordinaires de son journal (Fig. 6). Lorsqu'elle eût fini la dessin, elle réalisa que l'une des causes de sa dépression consistait en une illusion - elle s'était accrochée à quelque chose qui n'avait jamais été là !

Fig. 6 : "Accrochée à quelque chose qui n'avait jamais été là"

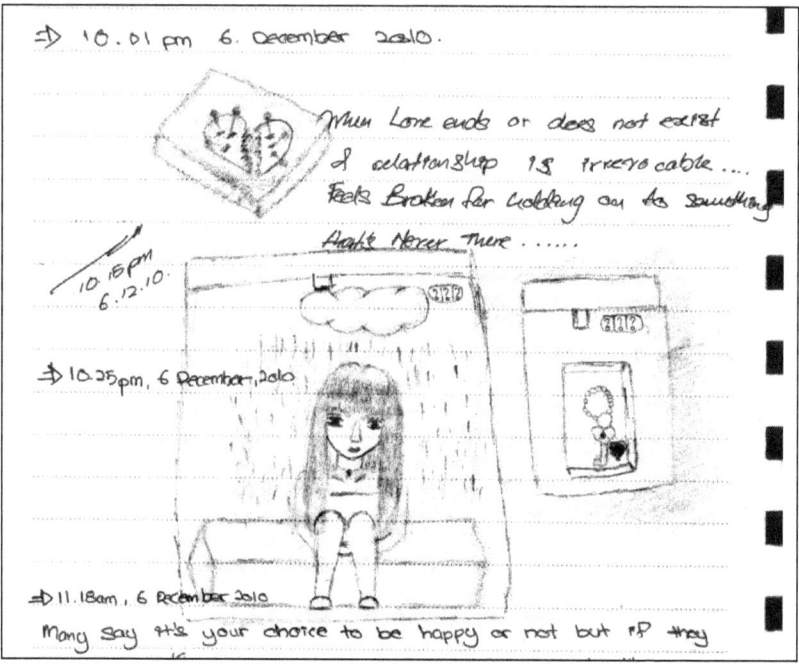

C'était le dessin d'une jeune femme qui était d'humeur sombre, ceci étant représenté par des gouttes de pluie un jour nuageux. Elle était assise à broyer du noir sur ses problèmes. En haut du dessin, il y avait le croquis d'un coeur brisé, fracturé en deux et fixé à un socle avec des épingles. Elle avait espéré réaliser le mariage heureux et la vie amoureuse qui n'avait jamais existé entre ses parents. Au travers de l'acte de dessiner, elle avait compris comment son illusion s'était formée et comment elle fonctionnait dans sa vie. Elle pouvait maintenant s'en détacher et la voir à l'oeuvre.

Sur le côté du dessin, il figurait une clé placée dans une boîte qui était enfermée dans un coffre dont le code était inconnu. Je lui demandai avec curiosité ce que signifiait la clé à l'intérieur de la boîte, mais, malheureusement, elle ne put pas m'expliquer le sens de cette partie du dessin. Ce que je notais également, fut que la même clé était dessinée de la même manière dans un autre dessin (Fig. 7). Tout ce qu'elle dit est qu'elle l'avait dessinée de manière inconsciente.

Je fus perplexe. La clé ne ressemblait pas aux clés dont nous avons l'habitude dans la vie moderne. Y-avait-il un symbolisme caché ? Y-avait-il une autre couche de mystère dans son psychisme ? Y-avait-il une autre histoire attendant d'être mise en lumière ?

*****

Petrina passa la majeure partie de sa journée de mardi à dormir. Elle m'envoya un SMS pour me rassurer et me dire qu'elle avait mieux dormi après sa séance du jour précédent. C'était en partie parce qu'après avoir revécu l'expérience abusive avec Joshua, elle sentait que le fardeau émotionnel s'était allégé.

Elle se réveilla à 7h du matin et entendit à nouveau la voix de sa responsable. C'était très irritant car cela continuait à la hanter. Elle se demandait si et quand cela cesserait. Maintenant, il était clair que, bien que Shirlene fût un des principaux contributeurs à sa dépression, son nom n'avait plus le pouvoir de provoquer des évanouissements comme auparavant.

Malgré son optimisme, les choses ne semblaient pas aller si bien que ça pour elle. Elle continuait à avoir des sentiments douloureux et suffocants en rapport avec ce qu'elle avait vécu. Elle fit un dessin d'elle, pleurant dans son lit, avec une épée suspendue au dessus de son coeur (Fig. 7). Il y avait trois enfants perdus appelant leur mère en pleurant. La culpabilité issue de ses trois avortements semblait hurler de l'intérieur. Sa tension intrapsychique semblait avoir émergé à travers son art.

Fig.7 : "Une douleur qui perce le coeur et étouffe"

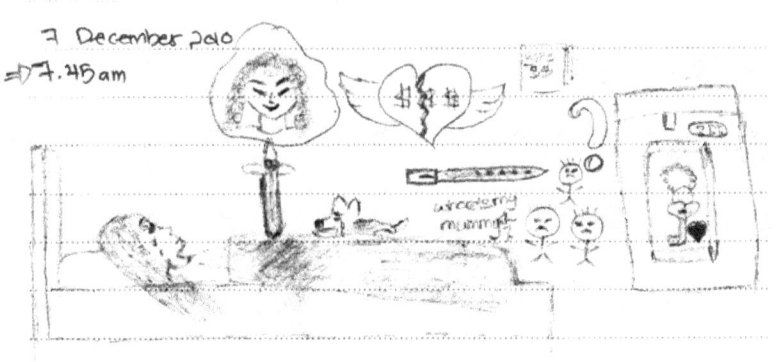

Le dessin, tel que je l'interprétais, représentait son besoin insatiable de réparer et redonner vie à ceux qu'elle avait aimés. Ceci avait conduit à un état de deuil. Je m'inquiétais que sa tendance à réparer bascule d'une culpabilité dépressive à une culpabilité de persécution qui pouvait être nocive pour sa sérénité intérieure ; je devais travailler sur cela ou cela deviendrait handicapant émotionnellement.

Mardi 7 décembre
⇨ *7h45*
J'ai eu des flashes d'images, bien que je sois au repos à la maison, mais je ressens tout de même une douleur suffocante et qui me perce le coeur, une douleur insupportable... Je me demande tout le temps pourquoi j'ai autant de problèmes et de troubles et pourquoi, puisque je n'arrive pas à les gérer, ne pas laisser tout de côté, puisque je ne trouve pas la solution... de cette manière je serai plus heureuse ? Mais que veut dire heureuse ? Trop long depuis que j'ai perdu le sens du bonheur... Perdu sa trace et je n'ai pas idée d'où le

trouver. J'ai réalisé récemment que les choses les plus simples sont quelque fois les plus dures à obtenir ou réaliser.

Travailler ses émotions signifiait qu'elle devait accepter ce qu'elle avait perdu avant toute autre chose. Alors, seulement, serait-elle capable de surmonter ses défenses pathologiques et d'adapter son égo à la réalité. La façon dont la thérapie de régression pouvait aider dans ces processus était de lui permettre de faire à nouveau l'expérience des événements traumatiques en transe et de lui permettre de recadrer son expérience sous un nouvel angle.

Au travers de sa création artistique, Petrina travaillait sur son état dépressif pour recréer et restaurer le passé perdu. Elle semblait créer un univers qui représentait simultanément le passé et le présent. Lorsque je réfléchis à ses dessins, je réalisai qu'une compréhension de son histoire passée avait la fonction de lui apporter le sentiment d'une continuité dans la vie.

Petrina se rendormit plus tard ce matin là, et se réveilla deux fois, une à 12h40 et l'autre à 15h20. Les deux fois, elle se sentit très fatiguée. Elle avait remarqué qu'elle ressentait la même fatigue après les séances de thérapie. Ses épaules étaient plus légères car elle ne sentait plus le fardeau émotionel qu'elle avait porté jusque-là.

A 18h50, elle se réveilla de sa sieste en pleurs ! C'était la première fois dans sa vie que Petrina s'était réveillée en pleurant. Elle avait eu un rêve très vivace dans lequel elle se trouvait enfermée à clé dans une pièce et un homme se trouvait à l'extérieur, mais n'avait pas envie de l'aider à dévérouiller la porte. Désespérée de ne pas pouvoir se libérer, elle se mit à pleurer. Intuitivement, je compris qu'elle coulait intérieurement dans les profondeurs du désespoir, tandis qu'un homme à qui elle faisait confiance et sur lequel elle avait misé ses espoirs ne levait pas le petit doigt pour l'aider. Avec du recul, la netteté du rêve m'alerta sur la possibilité que ce fût un rêve karmique.

Fig. 8 : "Aidez moi à sortir, s'il vous plait !"

Elle avait dessiné le rêve. (Fig. 8). Ce qui était remarquable sur ce dessin, et que j'avais manqué à première vue, était que l'homme en question portait une clé autour du cou. Elle avait dessiné la clé inconsciemment sans comprendre pourquoi, mais avait fait une note spéciale dans son journal en tant que "clé de sa liberté".

Ce soir là, elle se rendit compte soudain que quelqu'un manquait à sa vie. C'était un tel sentiment de solitude qu'elle fit un dessin d'elle-même, debout, seule dans un paysage désolé sous un soleil de plomb. Plus tard, elle m'expliqua que c'était l'expression de la peur de se retrouver seule et abandonnée. (Fig. 9). Son explication était logique, parce que la solitude peut effectivement se transformer en abysse mortelle. Cependant, j'espérais qu'elle pouvait appréhender les deux faces de la solitude. Si elle pouvait apprendre à faire face à ce sentiment de solitude et réaliser qu'elle était unique, elle pourrait prendre conscience qu'elle avait une valeur infinie.

Fig. 9 : "Si seule…"

Mercredi 8 décembre
⇨ *1h20*

Après la séance de thérapie de lundi, alors que j'ai libéré pas mal d'émotions… je me sens bien mieux, mais en même temps, je me sens vidée. Particulièrement après que j'ai fait un rêve où j'étais enfermée à clé dans une pièce, attendant que quelqu'un ouvre la porte et me laisse sortir…

A propos des deux derniers dessins - il y a une clé dans une boîte enfermée dans un coffre et je ne connais pas la combinaison pour l'ouvrir. L'homme dont j'ai rêvé porte la clé autour du cou... Je ne peux pas m'empêcher de penser qu'il est celui qui a la clé de ma liberté ou bien est-ce mon imagination ?

Dans mon rêve, j'entends aussi une voix d'homme qui me dit : "Tu n'es pas la Petrina que je connais. Tu étais très forte et positive... La Petrina que je vois maintenant est si fragile, faible et négative..." Les trois derniers mots, je les avais déjà entendus dans la bouche de Shirlene Jusqu'à ce jour, la voix de Shirlene me hante quand je suis réveillée ou endormie, mais la voix ne me frustre plus autant qu'avant. C'est un bon signe, mais la colère est encore là.

Je n'avais pas encore réalisé à ce moment, que la "clé" était un important symbole karmique et le point d'ancrage d'une histoire absolument fascinante qui aller émerger et nous surprendre dans les jours à venir...

Chapitre Huit
Sentiment de vide

A une époque, je ne connaissais que le noir et l'immobilité... ma vie était sans passé ou futur... mais un petit mot tracé par les doigts d'une autre personne dans la paume de ma main aggripée au vide, et mon coeur a bondi de l'extase de vivre.

– Helen Keller

Le mercredi 8 décembre, Petrina arriva à ma consultation à 15h15 pour sa cinquième séance. Cette fois-ci, elle vint seule, car tous les membres de sa famille étaient au travail. Ses séances précédentes avaient été dures émotionnellement, mais elle était déterminée à s'accrocher et à guérir. Elle me dit que la thérapie avait fait émerger le dernier symptôme d'un ressenti de "vide". Des sentiments pénibles s'étaient mêlés aux sensations de bien-être. Cela l'avait syphonnée de son énergie, la laissant épuisée et vide, en plus de se sentir seule. Confusément, elle se sentait en position d'anticipation, comme si quelque chose d'important était sur le point de se produire et requérait son attention.

Elle ressentait des remords après avoir subi trois avortements et son chagrin s'exprimait par rapport au mal qu'elle avait fait à ses bébés qui n'étaient pas venus au monde. Cependant, elle comprenait que le remords ne pouvait pas annuler le "péché" et qu'elle ne pouvait que se désoler. En fait, elle nourrissait la pensée que Dieu la punissait en ce moment en la faisant se sentir seule. Elle se souvenait également que son gynécologue lui avait dit qu'elle pourrait avoir des difficultés pour concevoir dans le futur à cause de ses avortements proches et répétés. Ceci renforçait le sentiment d'être punie. Je réfléchis là-dessus. Est-ce que cela pouvait se traduire pour elle en un désir de réparer ?

Mercredi 8 décembre
⇨ *14h30*

Les sentiments de vide, de perte, de se sentir prisonnière et impuissante sont depuis très longtemps en moi... Ils ne me quittent jamais. Particulièrement après la thérapie du lundi, la sensation de vide est plus forte. Joshua a pris presque tout ce que j'avais, mais que me reste-t-il ? Quelqu'un a pris les dernières miettes de ce que j'avais. Maintenant je me sens comme un zombie. Et si ce qui me restait n'était qu'une coquille vide ?

J'ai accepté de faire face à ce qui était arrivé à mon mariage, mais tout recommencer à zéro semble vraiment dur. J'ai peur d'échouer et de retomber... mais, je n'ai pas le choix, je ne peux qu'avancer. Ce n'est qu'en avançant que j'ai une chance d'arriver à destination un jour, sinon je vais stagner pour toujours...

Petrina avait l'air fatiguée et faible mais comme d'habitude, elle était prête pour la thérapie. Après une courte induction, elle entra en transe rapidement et j'utilisai son sentiment de "vide" comme pont émotionnel.

"J'attends Joshua," murmura-t-elle. "Le dîner est prêt. Il peut revenir et dîner, mais il ne revient jamais. Cela est arrivé de nombreuses fois."

"Quelles sont vos pensées à ce moment ?"

"C'est un mariage vide. J'ai attendu plus de 5 heures avant qu'il ne rentre à la maison... Parfois, je me demande qui est cet homme qui dort à mes côtés. Il dit qu'il doit travailler. Mais je sais qu'il est avec Hazel. J'ai pris un congé pour le suivre... Je l'ai trouvé dans la maison d'Hazel en train de l'embrasser."

"Quelles sont vos émotions en ce moment ?"

"Vide. J'ai perdu mon amie. J'ai perdu mon mari."

"Qu'avez-vous fait quand vous l'avez vu embrasser Hazel ?"

"Je n'ai rien fait. Ils sont entrés dans la maison et en sont ressortis six heures après. Alors, ils sont allés dîner dans un restaurant japonais. Je les ai suivis. Ils avaient l'air si heureux ensemble... il ne m'a jamais emmenée au restaurant." Les larmes roulaient sur ses joues.

"Que se passe-t-il ensuite ?"

"Ils ne savaient pas que je les surveillais. Ils sont retournés chez Hazel et il n'est jamais revenu. J'ai arrêté de demander. Je me suis tue. On s'était disputés trop souvent au sujet d'Hazel. J'ai arrêté de cuisiner pour Joshua. Il ne prend même pas la peine... Je ne veux pas qu'il me touche... Il m'a forcée... Je ne peux rien faire."

"Que ressentez-vous ?"

"Je me sens perdue"

"Quelle pensée accompagne ce sentiment ?"

"Je me suis dit que peut-être s'il prend la peine de me toucher, c'est qu'il m'aime encore." Elle partit en catharsis. Il y eut une pause tandis qu'elle luttait pour sortir de cet état émotionnel.

"J'ai recommancé à l'attendre... mais j'ai réalisé que je suis juste un objet sexuel pour lui. J'ai tout perdu. Je souhaite seulement passer à autre chose. J'ai dit à ma mère que je vais demander un divorce. Elle m'a demandé de lui parler. J'ai répondu que j'ai pris ma décision et que je rentrerai chez moi bientôt."

"J'ai commencé à recevoir beaucoup d'appels de SingTel et StarHub *(compagnies internet, téléphone et télévision ndt)* me relançant pour les factures impayées. Je l'ai confronté. Il a répondu : 'Je ne t'ai jamais demandé de t'occuper de ces factures. Tu étais volontaire pour les régler.'"

"Qu'avez-vous ressenti lorqu'il a dit cela ?"

"Je m'y attendais. Il se comportait de façon abusive. Il utilisait la ceinture pour me battre. Il m'a fait des avances sexuelles. Je l'ai repoussé. Il m'a attachée au lit... J'ai saigné." Elle partit à nouveau en catharsis.

"Après ça, j'ai déménagé. J'ai tout perdu. Je ne parlais plus à personne. J'ai tout gardé en moi. J'étais sous pression. Il n'y a rien que je puisse faire. Je dois passer à autre chose. Je me suis obligée à être occupée. Mes heures de travail s'allongent."

Petrina prit une pause, et reprit lentement en hésitant. Soudain, elle sembla sauter à un autre événement.

"Il y a un homme au restaurant à qui j'ai raconté mon histoire avec Joshua. Il me paraît familier... la trentaine, mais je ne me rappelle pas son nom. Il dit que Joshua n'a pas le droit de me faire ça."

J'ai écouté attentivement. Est-ce qu'elle parlait d'Aaron à nouveau ?

"On est partis," Petrina continua.

"Que se passe-t-il ensuite ?"

"Je me vois avec beaucoup de sang. J'ai coupé mes veines." Ceci retint mon attention. C'était la première fois qu'elle faisait référence au fait de se couper les veines. Plus tard, j'appris que ceci avait pris place avant qu'elle tente de se suicider en avalant des somnifères.

Petrina poursuivit : "J'ai pris des somnifères… Je suis avec Fabian. C'est ma dernière conversation avec Fabian, il me dit qu'il ne va pas revenir.…" Elle termina avec une note de tristesse et sortit spontanément de la transe hypnotique.

Je réfléchis à ce qui s'était passé dans la séance. Le schéma de sa réponse durant la transe avait été très constant. A chaque fois que le nom d'Aaron était mentionné ou qu'une description de lui avait lieu, Petrina sortait rapidement d'hypnose.

A ce point, elle était très fatiguée et je décidai d'arrêter la séance. Elle avait l'air chagrinée et indiqua qu'elle avait mal à droite dans le haut de la poitrine. C'était une sensation de saccade et l'impression "d'être attachée".

Instinctivement, je mis ma main gauche à cet endroit. J'avais suivi une formation en Reiki plusieurs années auparavant, et j'utilisais cette modalité quand je sentais qu'un de mes patients en avait besoin. Je sentis immédiatement le flux d'énergie à travers mes mains et quelques secondes plus tard, elle me dit en murmurant : "C'est chaud !" Ce qu'elle ressentait était une forme d'énergie thérapeutique. Je laissai mes mains à cet endroit pendant quelques minutes, alors qu'elle se relaxait progressivement et plongea d'un un état rêveur. Bientôt, ses couleurs revinrent et elle irradiait le calme et la paix.

L'assistante qui me servait de chaperon durant les consultations était une femme mûre d'origine indienne. Elle me dit doucement : "Docteur, vous pratiquez le Reiki, n'est-ce pas ?"

J'opinai et nous nous fîmes un sourire. Plus tard, je découvris qu'elle avait connu d'autres personnes qui pratiquaient cet art.

J'avais appris le Reiki début 2003. C'était une époque où j'avais ressenti que la médecine consistait en plus que la pratique de la pharmacothérapie, la chirurgie et la radiation. Je pensais que l'univers avait beaucoup d'autres domaines disponibles pour nos besoins thérapeutiques.

Dix minutes passèrent. Petrina indiqua que la douleur à la poitrine se dissipait et que le flux d'énergie avait diminué. Je changeai la position de mes mains pour couvrir d'autres parties de son corps incluant l'abdomen, le médiastin et la tête. La séance de Reiki dura environ 30 minutes et à la fin elle sombra dans le sommeil.

Petrina se réveilla 15 minutes plus tard. Avec un sourire fatigué, elle comprit que la séance était finie et me dit qu'elle pouvait rentrer chez elle par elle-même. Je l'accompagnai à la station de taxis.

*****

Cette nuit-là les cauchemars reprirent. Petrina eut de la difficulté à s'endormir. Au moment où elle ferma les yeux, elle eut des flashes effrayants de Joshua la battant avec une ceinture. La séance d'hypnothérapie avait ravivé un des souvenirs les plus traumatiques de son mariage.

Passé minuit, alors qu'elle luttait encore, elle finit par se lever et écrivit :

Jeudi 9 décembre
⇨ *00h38*
Je sens des douleurs physiques... partout... j'ai peur, bien que Joshua ne puisse plus me faire de mal. Mais après m'être souvenue, il me semble qu'il me hante... Il n'y a pas d'endroit où je peux me cacher... J'ai l'impression d'être brisée en peits morceaux... Je ne sais pas comment me récupérer.

⇨ *1h45*
Je ne peux toujours pas dormir. Soudain, cette pensée m'est venue... ce chemin de rétablissement est si pénible... si j'avais le choix je préfèrerais ne pas me rappeler cette partie de ma vie... comme Aaron... La douleur est tellement insupportable et j'ai l'impression que mon coeur va se déchirer...

⇨ *2h30*
J'entends des voix me dire : "Est-ce que tu attends qu'il revienne pour t'aider ?" Je suppose que c'est mon imagination... mais d'une certaine manière, il y a une partie de moi qui attend que quelqu'un revienne vers moi. Cette impression m'a accompagnée depuis septembre... Je n'ai jamais dit cela à quiconque, pas même au Dr Mack. Pourquoi ? Ais-je continué à me demander et qui est-ce que j'attends ? Est-ce que je suis à fuir la réalité à nouveau ? Ou est-ce que je lâche ? Je ne sais

pas... et que devrais-je faire ? Je suis trop fatiguée et je n'ai plus le courage de me souvenir du passé...

Quand je lus ces entrées, je fus très intrigué. Qui était cette personne dont Petrina attendait inconsciemment le retour. Tous les indices menaient à Aaron. Mais qui était-il exactement ? La phrase : "Tu es la dernière personne à qui je ferais du mal" semblait revenir et chaque fois elle avait l'air de lui faire du mal. Pourquoi ?

Egalement, Petrina avait fait un nouveau dessin - à nouveau avec la clé dans la boîte en bois à l'intérieur du coffre. En plus, elle avait dessiné un coeur brisé à côté de la clé (Fig. 10). Pourquoi son inconscient ramenait-il l'image de la clé et sous différentes formes ? Cela avait été une expérience fascinante de suivre son parcours vers la guérison. Intuitivement, j'attendais qu'une incroyable histoire soit révélée.

Au milieu des flashbacks, la nuit passa.

Le jeudi à 8h30 du matin, Petrina se réveilla. Elle n'avait pas beaucoup dormi la nuit précédente. Après avoir revécu sa tentative de suicide et refait l'expérience de l'abus physique de son mari, elle avait à peine pu s'endormir. Néanmoins, elle était impatiente à l'idée de sa sixième séance de thérapie.

Fig. 10 : *"Tu es la dernière personne à qui je ferais du mal"*

Elle arriva à 11h, seule. Elle avait l'air perdu et des signes de fatigue étaient apparents sur son visage poudré. Le traumatisme dû à la violence de Joshua avait été extrêmement perturbant et insupportable. Elle s'installa rapidement dans mon cabinet et explosa en larmes tandis qu'elle tentait de me décrire ses émotions. Alors qu'elle pleurait, je saisis l'occasion de la violence de son mari comme pont émotionnel. Elle entra en transe rapidement.

"Il me bat avec sa ceinture," commença-t-elle d'une voix désespérée. "Je ne peux pas parler. Il met du ruban adhésif sur ma bouche…"

Il y eut une pause, et elle eut des difficultés visibles pour poursuivre. Elle avait l'air impuissante et sa voix vacillait. Ses paupières tremblaient et les muscles de son visage se contractèrent. Sa tension émotionnelle montait en crescendo et il était maintenant clair que le tourment intérieur était trop intense pour qu'elle continue.

Je sortis Petrina de la transe et décidai d'une pause pour qu'elle aille aux toilettes. A son retour, elle semblait composée et voulait reprendre. J'admirai sa résilience et sa détermination et acceptai.

Elle retourna à la même scène et l'histoire reprit là où elle avait été interrompue.

"Oh ... La ceinture ! Pleine de sang de mon dos. Il m'attache. Il aime utiliser la batte de base ball sur moi. Il la met dans la glace et la frotte contre mes blessures."

Je frissonnai devant tant de brutalité.

"Il recommence à me battre avec la ceinture. Je ne peux pas crier. Le ruban adhésif m'empêche de crier. Il met un sac de glace sur mon abdomen et attend qu'il fonde. Après que la glace ait fondu, j'ai mal. Je ne peux pas bouger... La torture a duré deux semaines, tous les jours de la semaine et une fois par jour."

"Quels sont vos sentiments à ce moment ?" Je retins mon souffle tandis que je posais la question.

"J'ai peur... Je souhaite ne pas me réveiller."

"Comment avez-vous surmonté cela ?"

"Je ne sais pas."

"Que s'est-il passé après les deux semaines ?"

"Après les deux semaines, il est parti en vacances avec Hazel. J'ai pris mes affaires et j'ai dit à ma mère que je rentrais à la maison. J'ai prévenu ma belle-mère que je partais. Elle a dit : 'Je renie mon fils. Va et ne reviens plus.'... J'étais soulagée."

"Que s'est-il passé après que vous ayez décidé de partir ?"

"J'ai perdu mon appétit. J'ai maigri de 10 kilos. Je suis dans le hall de mon immeuble. Mon amie Jessica m'aide à déménager..."

"Que s'est-il passé ensuite ?"

"Je suis allée chez moi. Je me suis tue pendant trois mois. Je n'ai rien fait pendant trois mois... Je me sentais VIDE."

"Qu'avez-vous fait après les trois mois ?"

"Après les trois mois, je suis sortie et j'ai parlé à un homme… Je ne sais pas qui il est. Je lui ai dit tout sur moi. Il a dit : 'Tu mérites un homme meilleur. Tu vas tout oublier.'" Encore une fois, cet homme inconnu avait l'air d'être Aaron.

Petrina sortit de la transe à ce point, l'air complètement perdu. Maintenant, je n'étais plus surpris par ses sorties spontanées de transe. L'assitante de consultation, Sabiah, l'aida rapidement à s'asseoir sur une chaise.

Je sentis que Petrina était maintenant plus communicative émotionnellement par rapport aux séances précédentes. Sabiah lui servit une tasse de chocolat instantané tandis que je bavardais pour lui permettre de retrouver ses sens.

Intuitivement, elle comprit que je m'inquiétais. A 13h15, elle promit qu'elle se sentait suffisamment bien pour rentrer seule chez elle. Je l'accompagnai à la station de taxis et soupirai de soulagement lorqu'elle s'éloigna dans un taxi. Je ne me doutais pas alors que ce n'était que le début d'un autre événement dramatique le même jour.

Chapitre Neuf

Impuissance et peur

L'impuissance est sans doute le premier et le plus sûr signe d'un coeur qui prie... La prière et l'impuissance sont inséparables. Seul celui qui se trouve défait peut vraiment prier.

– O. Hallesby

Deux heures plus tard, je reçus un appel de Petrina. Elle semblait défaite. Je pensai qu'elle était arrivée chez elle à ce moment, mais je réalisai ensuite que je me trompais...

Petrina était dans tous ses états et s'exprima d'une manière pathétique. Elle dit qu'elle avait reçu un appel de la direction des Ressources Humaines. Quelqu'un du nom de Lorna lui dit qu'ils n'avaient toujours pas reçu son arrêt de travail pour hospitalisation. A ce moment, elle ne se savait pas ce qu'elle avait fait de son arrêt de travail et comment régler ça avec les RH. Compte tenu de ses récentes pertes de mémoire, elle ne se souvenait pas si elle avait remis le document aux RH et à qui. En désespoir de cause, elle avait donné mon numéro de portable à Lorna et lui avait demandé de m'appeler.

Cette situation étrange me surprit. Je n'avais pas prévu que sa condition médicale pouvait donner lieu à des complications administratives. En l'absence d'un arrêt de travail, la situation de Petrina se transformait en absence injustifiée et pouvait avoir de graves conséquences. En effet, il fallait tenir compte de l'hostilité de sa responsable, Shirlene.

Ce problème avait besoin d'être réglé sur le champ, car Lorna pouvait m'appeler dans les minutes qui suivaient. Pour éviter à Petrina des complications, je devais remettre immédiatement un duplicata d'arrêt de travail en son nom. Il n'y avait pas une minute à perdre.

Je me connectai à la base de données des patients de l'hôpital et accédai au dossier de Petrina. Ensuite, j'imprimai une copie de son certificat d'hospitalisation par le Dr Shanti. Après cela, je me rendis rapidement au Département de Neurologie à la recherche de Soeur Louise. J'avais besoin de la signature du Dr Shanti sur le document.

La chance était de mon côté. Soeur Louise était de service. Je la mis au courant de la situation de Petrina et lui expliquai la complexité et l'urgence de ma démarche. Ensuite, je lui demandai de m'aider à obtenir la signature du Dr Shanti.

"Pas de problème," dit-elle dans son style confiant comme d'habitude. "Laissez-moi cela. Je vous appelle quand c'est fait."

Je retournai à mon bureau. Pour la première fois, je me sentis fatigué et abattu. C'était comme s'il n'y avait pas de lumière au bout du tunnel.

Une demi-heure plus tard, Soeur Louise me rappela. "Dr Shanti a signé et le certificat médical est prêt. Voulez-vous que je vous le fasse porter ?"

L'efficacité de Soeur Louise ne me surprit pas. Elle ne m'avait jamais déçu depuis que je la connaissais.

"Non merci. Je vais venir le chercher moi-même."

Il n'y avait pas de temps à perdre. Je me rendis aux Ressources Humaines pour remettre le document. Mon portable se mit à sonner alors que j'étais dans l'ascenseur. Lorna était en ligne.

"Bonjour, Dr Mack. Petrina, une de nos employées, m'a demandé de vous appeler."

"Oui, j'attendais votre appel. En fait, je suis en train de me rendre à votre bureau."

"Oh !" Elle eut l'air surprise. "Parfait, je vous retrouve à l'entrée du service."

Quand j'arrivai au département des Ressources Humaines, Lorna m'accueillit avec sa responsable Mary. Toutes deux avaient l'air gênées de ma visite surprise. Je me présentai et en vint au fait.

"Je suppose que c'est ce dont vous avez besoin ?" Dis-je en leur remettant le certificat médical.

"Et bien... oui." dit Mary à court de mots "Et merci de vous être déplacé."

Je sentais bien que Mary et Lorna n'arrivaient pas à comprendre pourquoi un médecin-chef prenait la peine de venir lui-même aux Ressources Humaines remettre un document pour le compte d'une patiente. Après tout Petrina n'était qu'une employée débutante dans l'établissement..

"Pas de souci. Tout est en ordre maintenant ?"

"Oh oui," Mary jeta un coup d'oeil rapide au certificat médical et poursuivit. "Je pense qu'avec ce document dans son dossier, nous allons pouvoir payer son salaire de décembre et sa prime de fin d'année." La tension s'effaçait lentement de son visage.

"Avez-vous besoin d'autre chose ?" demandai-je.

"Et bien, oui... on aimerait bien savoir ce qui arrive à Petrina," dit Mary. "On sait qu'elle est malade et absente, mais nous n'avons aucune idée de ce qui lui arrive."

"D'accord. Pouvons-nous parler en privé ?"

Nous nous installâmes dans une salle de réunion proche. Lorna commença. "J'ai demandé son certificat médical car elle est absente depuis un certain temps et nous n'avons pas été prévenus. Elle dit qu'elle ne se souvient pas de ce qui s'est passé avec l'arrêt de travail et j'ai commencé à m'inquiéter car nous avons su qu'elle avait eu des pertes de mémoires. On se demande où elle en est maintenant."

"Je crains qu'elle ne soit au bord de la dépression," dis-je. Il y eut de l'inquiétude sur leur visage.

"Je la suis en thérapie en ce moment et j'espère qu'elle ira mieux avant la fin de son arrêt maladie." Je fis une pause et décidai des informations que je pouvais divulguer. Les deux gestionnaires des Ressources Humaines avaient l'air inquiet. Il fallait qu'elles comprennent la situation médicale de Petrina pour pouvoir aider, pensais-je.

"Nous avons su qu'elle n'allait pas bien, qu'elle avait été hospitalisée et qu'elle était sortie de l'hôpital, mais nous n'avons aucune autre information. Maintenant, elle nous dit qu'elle ne se souvient pas où elle a mis ses affaires, et nous sommes très inquiètes sur sa capacité à reprendre le travail. Sa responsable a exprimé les mêmes doutes," expliqua Mary.

"Et bien, je n'ai pas encore rencontré sa responsable," continuai-je, "mais de ce que je comprends, sa responsable a déclenché un certain nombre de ses symptômes."

Mary et Lorna furent déstabilisées et se lancèrent un regard..

"Petrina m'a donné la permission de parler de ses problèmes. Ses pertes de mémoire sont la conséquence d'un traumatisme émotionnel qui vient d'une situation abusive avec son mari. Elle n'a pas bien dormi pendant les trois dernières années et a commencé récemment à avoir des syncopes. Elle avait vraiment besoin de s'absenter du travail pour régler son divorce, mais au pire moment de sa vie, sa responsable lui a refusé une semaine de congés sans solde. Elle s'est évanouie dans le bureau du Directeur, a été hospitalisée et est tellement mal qu'à chaque fois que le nom de sa responsable est pronnoncé, elle perd conscience." dis-je d'une traite.

"Nous sommes désolées d'entendre cela," répondit Mary sur un ton d'excuses. "Mais si elle est tellement malade, pensez-vous qu'elle sera en mesure de revenir travailler?"

"C'est la raison pour laquelle nous lui avons donné un mois d'arrêt maladie. Elle a besoin de temps pour se reposer et se remettre. Je ne peux qu'espérer qu'elle va bénéficier de la thérapie et se remettre à temps. Mon inquiétude porte sur ce qui va se passer quand elle va retourner au travail et se retrouver face à la même responsable dans le même environnement après qu'elle aille mieux."

"Et bien, nous pensions en fait à la transférer à la direction de la Qualité de Service à son retour. Je vais voir si je peux organiser un entretien avec le directeur de la Qualité à son retour."

"Ça serait une bonne solution. Merci."

Elle me remercièrent une fois de plus pour avoir pris la peine de les rencontrer et pour les informations que je leur avais données avant que je m'en aille.

*****

A 17h15, je reçus un appel de Petrina. Elle avait l'air désespéré et me raconta une histoire cauchemardesque.

Apparemment et sans raison, après qu'elle ait quitté l'hôpital en taxi, elle ne retourna pas chez elle. Elle se retrouva dans une aire de jeux au 3, avenue Hougang et ne pouvait pas expliquer pourquoi elle s'était rendue là. Elle entendit des voix appeler "Aaron" et s'était évanouie peu de temps après.

Lorsqu'elle revint à elle, elle fut paniquée et perdit toute sa mémoire soudainement. Désespérée, elle n'arrivait même pas à se souvenir de son adresse. Affolée, elle prit son carnet d'adresses et se mit à appeler pour trouver de l'aide. Elle eut de la chance et appela son ami, Bernard. Bernard, qui se trouvait à son bureau prit l'appel et eut le choc de sa vie. Il quitta immédiatement son travail et se rendit en voiture à l'endroit indiqué et la trouva pleurant de desespoir dans une aire de jeux publique. Il la conduisit chez elle.

Il était évident qu'elle était allée dans le quartier de Hougang pour trouver Aaron – l'individu qu'elle avait cherché à identifier pour s'en souvenir. Il devenait de plus en plus clair qu'Aaron avait une influence importante dans la vie de Petrina et que même son nom avait une emprise sur ses émotions.

Jeudi 9 décembre
⇨ *16h55*

Vers 13h50, je ne sais pas pourquoi, après mon rendez-vous avec Dr Mack j'aurais dû rentrer chez moi, mais bizarrement, je me suis retrouvée au 3, avenue Hougang... Je ne me souviens pas de ce qui s'est passé... J'ai perdu connaissance dans une aire de jeux... avant l'évanouissement, j'ai entendu des voix... un homme qui disait "Tu n'arrives pas à te souvenir d'Aaron, c'est trop pour toi ! Tu dois l'oublier !"

J'entends aussi ma conversation avec un autre homme. L'homme dit "Tu es la dernière personne à qui je ferais du mal... Fais-moi confiance, je ne vais pas te faire de mal..." Je lui ai dit : "Tu dis que tu ne vas pas me faire de mal ! Tu as promis ! Je t'ai fait confiance et pourtant tu m'as fait du mal !"

Ensuite, j'ai perdu conscience... Quand je me suis réveillée, j'ai réalisé que je ne me souvenais plus de rien. Qui est Aaron ? Quelle est notre relation ? Il semble qu'il a un impact fort sur moi... Après avoir entendu son nom ma mémoire s'est effacée comme sur un ordinateur... quand on réinstalle un programme tous les fichiers s'effacent... Mes quelques séances de thérapie sont devenues inutiles...

Petrina rentra chez elle dans un état de tempête émotionnelle. Sa conscience était dominée par des pensées obsessives et répétitives Plus tard ce soir-là, elle m'envoya un message : "J'entends beaucoup de voix avec des images... Je suis confuse... Je ne sais pas pourquoi je n'arrête pas de pleurer. Le nom d'Aaron revient en boucle... Qui est-il ???"

Lorsque j'eus l'occasion de lire à nouveau son journal, je fus frappé par les dessins qu'elle avait faits ce soir-là. Ils étaient tous effrayants et comportaient tous le thème commun du suicide.

Les dessins incluaient des images d'elle se coupant les veines, un flacon de somnifères (Fig. 11), un couteau et une corde pour se pendre (Fig. 12). Un des dessins semblait montrer qu'elle perdait la mémoire de l'apparence physique de Fabian et essayait avec peine de se souvenir de lui durant ses funérailles. Vu de son psychisme profond, il semblait qu'il y avait un fossé qui s'agrandissait entre sa personne présente en proie au désespoir et la personne qu'elle avait été.

Fig. 11 : Tant de questions sans réponse...

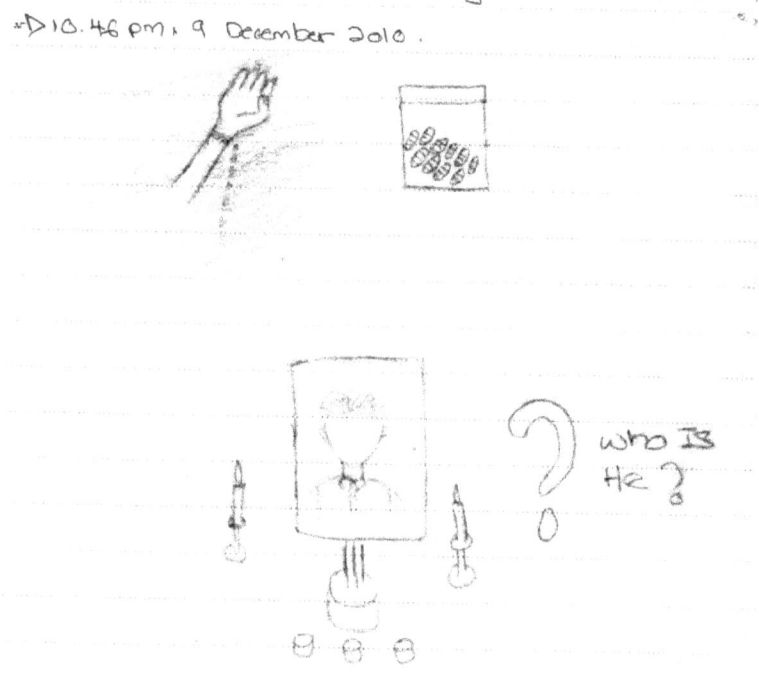

C'étaient de mystérieux éclairs de désespoir. Sa préoccupation avec le thème de la mort m'effrayait et m'inquiétait. Alors que son désespoir s'aggravait, ce qui semblait avoir du sens pour elle autrefois, était devenu insignifiant. De même, ce qui apparaissait insignifiant dans le passé semblait avoir de l'importance maintenant.

Je m'émerveillais de mon propre courage d'avoir entrepris ce chemin avec elle. Oui, il y avait de l'espoir. A travers ces dessins, elle exprimait ses pensées suicidaires ouvertement pour pouvoir en discuter. C'était un bon signe. Cependant, c'était une période difficile. Je devais trouver un moyen de calmer l'agitation mentale qui la propulsait vers une attitude de auto-destructive. Elle avait besoin d'un peu plus de conscience de soi pour prendre du recul et voir sa situation sous un nouvel angle.

Jeudi 9 décembre
⇨ ***22h46***
J'ai des flashes d'images... à qui était cette main ? Qu'est-ce qu'elle a à voir avec les comprimés ? De quel comprimés s'agit-il ? Et l'homme... qui est-il ? Et qu'est-ce que tout cela a-t-il à voir avec ses funérailles ? A-t-il commis un suicide ? J'ai tellement de questions mais je n'arrive pas à trouver les réponses...

C'était difficile de calmer un patient par téléphone, de même qu'il était difficile pour une personne désespérée de se calmer toute seule. Le suicide était devenu une trappe qui s'était soudain ouverte. Les voix semblaient lui suggérer que le suicide était un escalier psychologique (Fig. 12) qui la mènerait marche après marche vers un sommet logique.

Fig. 12 : "Qu'est-ce que tu choisis ?"

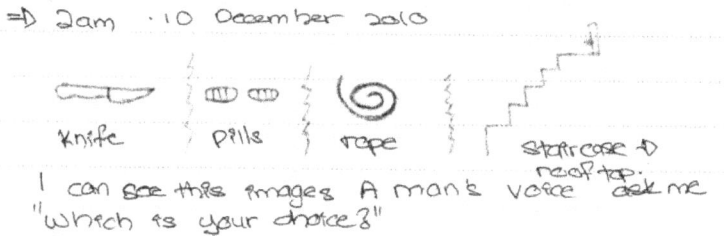

Vendredi 10 décembre
⇨ *12h06*
Vide, Colère, Haine, Frustration, Douleur et Impuissance. J'ai totalement perdu le contrôle de mes émotions... Je sens mon coeur comme s'il avait été pressé dans une petite boîte et ficelé. Je n'arrive pas à respirer... J'entends quelqu'un me dire que je ne mérite pas d'être vivante ! Une voix d'homme...
 Pendant que je dessine, j'entends une voix de femme me dire "Amour et Haine ?" et une voix féminine très douce "Tu attends d'être libérée ?" Une voix d'homme arrive encore. "Il s'en fiche de toi, oublie-le ! Que des promesses vides ! Va te coucher. Demain tu auras tout oublié." Dites-moi qui il est ? Parlez-moi ! Pourquoi ?

⇨ *4h28*
Je pense que je commence à me haïr, je n'arrive à me rappeler de rien... Pourquoi suis-je comme ça ? On dirait que je suis détestée aussi... Je suis piégée. Quelque soit mon envie de bouger, je ne peux pas...

⇨ *7h53*
J'ai dormi quelques heures, mais la voix ne me quitte jamais... Je perds contrôle de moi et de tout. Est-ce que c'est le moment de lâcher ? Terminer le voyage ? Si

fatiguant, si bruyant... toutes ces voix... des flashes d'images...

Fig. 13 : "Je ne mérite pas d'être vivante."

Petrina fit une expérience effrayante le vendredi 10 décembre après-midi. Elle entendait plusieurs voix et elle savait parfaitement que personne ne parlait. Ces voix étaient insupportablement bruyantes.

Elle se demanda : comment ces voix qui arborent des sentiments qui me sont complètement étrangers et qui essayent de m'inspirer des actions odieuses peuvent-elles faire partie de moi ? Elle prit ensuite ses anti-dépresseurs et essaya de dormir.

Notre culture considère les hallucinations auditives comme un signe de maladie mentale ou comme quelque chose d'effrayant. La peur est invariablement liée à leur caractère imprévisible et au sentiment de ne plus contrôler la situation. Les voix sont généralement vues comme un symptôme de psychose qui a besoin d'être contrôlé et éliminé à l'aide de médicaments.

Mais j'ai essayé de mieux comprendre ses hallucinations auditives. En partant de l'hypothèse que ses voix étaient une sorte de conversation privée, j'eus un point de vue différent. Ceci lui permit de compiler un récit détaillé des caractéristiques de ces voix et de mieux gérer sa propre peur. En même temps, je lui rappelais les bénéfices d'une utilisation légère des médicaments pour contrôler ses symptômes au moment où le besoin s'en ferait sentir.

Fig. 14 : "Promesse vide"

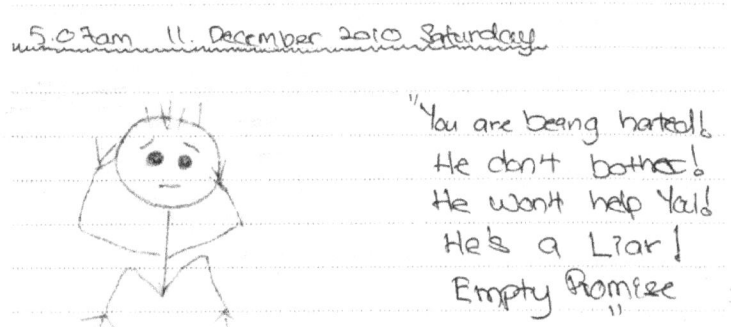

Petrina se réveilla à 18h40 ce soir-là et les voix avaient temporairement cessé. Elle se sentait mieux et plus calme. Elle savait qu'elle était passée par pas mal de stress récemment et n'avait pas envie de devenir dépendante des médicaments pour traiter la psychose et gérer ses hallucinations.

Samedi 11 décembre
⇨ *6h49*

J'ai repris les médicaments. Les voix reviennent... à qui appartient cette voix ? Qu'est-ce que cela signifie ? Je suis déjà fatiguée...

⇨ *13h57*

Quand j'arrête de prendre les médicaments, ça revient. Je n'ai pas le choix, je dois les reprendre...

⇨ *22h13*

Je viens de me réveiller et quand je relis mon journal, je réalise tout ce que j'ai traversé... c'est comme si je menais une double vie, comme si tout ce qui s'est passé, était arrivé à quelqu'un d'autre... Je ne me souviens de rien... je me rappelle juste quelques bribes... Mon cerveau est comme une feuille de papier blanc... je me demande comment j'arrive à m'en sortir...

Quand je lus les entrées de son journal, la description de ses sentiments ainsi que la perte de sa mémoire autobiographique me fit vraiment penser à une personnalité dissociée. Elle semblait avoir une perturbation dans les fonctions intégratives de la conscience et dans sa perception de l'environnement. Tout cela était signe d'un traumatisme émotionnel sévère et du développement d'un conflit psychique interne.

Dimanche 12 décembre
⇨ *22h00*
Peut-être oublier tous les souvenirs malheureux est une bonne chose... A condition que ça ne provoque pas un problème de santé. Je pense qu'il est temps pour moi de faire face à la réalité et d'avancer, que j'en aie envie ou pas ! Je ne veux juste pas être un fardeau pour ma famille.

Cette nuit, j'envoyai un email à Soeur Beatrice. Elle observa que l'histoire de Petrina "avait l'air d'une pièce de théâtre, mais ça ne donne pas envie d'en faire partie".

Elle écrivit : "A l'âge de 25 ans, sa vie est sens dessus dessous. Si elle retourne au travail, elle va être affectée par les ragots et sa condition va s'en trouver aggravée. Ça va être un long chemin pour elle." J'étais d'accord avec ses commentaires.

Petrina eut un week-end agité et son désir de se souvenir d'Aaron l'obsédait. A ce moment-là elle avait pris trois comprimés d'anti-dépresseurs par jour et elle se sentait plutôt somnolente. Cependant, ça faisait longtemps qu'elle n'avait pas connu une bonne nuit de sommeil et un sentiment de paix intérieure, alors, pour le moment, elle était prête à accepter les effets secondaires des médicaments.

Enfin, elle me demanda un service. Elle en était venue à la conclusion incontournable que des informations sur l'identité d'Aaron étaient cruciales dans son processus de rétablissement. Cependant, comme elle n'avait pas le courage d'appeler Aaron elle-même, elle me demanda de l'appeler de sa part.

J'hésitai. Etait-ce approprié que j'appelle ? Serai-je perçu comme intrusif dans la vie privée des autres ? Cependant, dans l'intérêt de la santé de Petrina, je composai le numéro d'Aaron.

Après deux sonneries, Aaron répondit. J'en fus ravi. Je me présentai comme le médecin qui s'occupait de Petrina et expliquai le but de mon appel. Il répondit poliment et confirma qu'il connaissait Petrina personnellement. Je lui donnai alors des détails sur la santé de Petrina et lui expliquai pourquoi elle avait besoin de son aide urgemment.

Il y eu un moment de silence du côté d'Aaron. Je sentis sa réticence. Sa voix me frappa par un manque d'intérêt pour quelqu'un qui avait été si proche de Petrina et avait tenté de l'aider à se sortir de sa dépression. Je n'abandonnai pas. Je lui transmis la demande d'aide de Petrina et soulignai l'importance qu'elle retrouve la mémoire. Je lui demandai si ça ne le dérangeait pas de l'appeler ou de me rencontrer à mon cabinet à un moment qui lui conviendrait. Il réfléchit à ce qu'il allait dire et au final sa réponse fut ambiguë.

Finalement, j'eus à le rappeler. Petrina avait une suggestion. Elle voulait le rencontrer à ma consultation lors de son prochain rendez-vous, le lundi 13 décembre. Aaron refusa. Il répondit catégoriquement qu'il ne pouvait pas s'engager. Il ne donna pas de raison.

Je me sentis coincé dans cette situation...

Chapitre Dix

Le combat pour se souvenir

Quelle que soit la difficulté, continue à grimper. Tu pourrais être à seulement un pas du sommet.

– Diane Westlake

Durant le week end, Petrina m'envoya un SMS inquiétant : "Bonjour, Dr Mack, j'ai pris les antidépresseurs, car j'entendais trop de voix, très envahissantes... Presque d'accord avec la voix qui me dit de me couper avec le canif."

Je la comprenais et pendant un moment je ne sus comment lui répondre. Après réflexion, je lui dis la vérité. D'un côté, je pensais qu'il était important pour elle de savoir qu'Aaron était réticent pour l'aider, et de l'autre, je voulais voir si elle était assez forte pour faire face à la réalité de sa relation avec cet homme.

"D'accord, je pense qu'Aaron a fait quelque chose qui m'a fait du mal. Voilà pourquoi il n'ose pas me rencontrer..." répondit-elle calmement. "Pas grave. Je crois que je peux m'en remettre." dit-elle d'un ton factuel.

Je me sentis un peu soulagé. En même temps, je lui promis que j'allais étudier la possibilité de lui faire retrouver la mémoire à l'aide de l'hypnose. En espérant que ça allait marcher.

*****

Le lundi 13 décembre, Petrina vint à nouveau seule à son rendez-vous. C'était la septième séance. Elle avait l'air prête et en forme encore une fois.

Maintenant elle avait fait l'expérience de l'état hypnotique à plusieurs reprises et la mettre en transe était une tâche facile. Elle s'enfonça rapidement dans une transe profonde et je décidai d'utiliser la métaphore du meuble-classeur dans mon script. C'est une métaphore mise au point par Roger Allen dans son livre *Scripts and Strategies in Hypnotherapy*. La métaphore est la base d'une visualisation utilisée pour aider les patients à accéder à leur souvenirs oubliés et évaluer leur propre répression.

"Vous allez vous souvenir ce que je vous ai dit. Tous les souvenirs de votre vie sont stockés dans votre inconscient comme dans un meuble-classeur..." commençai-je en lui offrant une suggestion.

"Et maintenant votre inconscient va vous aider à chercher dans ce meuble-classeur pour retrouver les souvenirs qui sont importants pour vous... particulièrement ceux qui concernent vos évanouissements et l'identité d'Aaron..." Je rajoutai d'autres suggestions.

"Alors que vous vous détendez et allez plus profond, je vais compter de 1 à 3... et quand j'atteindrai le chiffre 3 vous vous verrez prête à ouvrir une porte et entrer dans une pièce où se trouve le meuble-classeur."

Comme il s'agissait d'un long script hypnotique, j'utilisai la réponse par signal idéomoteur pour confirmer qu'elle voyait bien ce que je lui suggérais.

"Maintenant, vous vous trouvez dans la pièce et vous voyez une table au centre. A coté de la table se trouve un grand meuble-classeur avec quatre tiroirs gris et un tiroir noir. Les tiroirs gris contiennent toutes les mémoires de votre vie et vous sont disponibles à chaque fois que vous en avez besoin," continuai-je.

"Le tiroir noir contient des souvenirs que votre inconscient a décidé de vous cacher. Les réponses aux problèmes que vous avez eus avec Aaron sont toutes dans ce tiroir noir. Dans ce tiroir noir se trouvent les souvenirs qui sont à la base de votre détresse. Une fois qu'ils seront révélés à votre conscience, ils ne pourront plus vous causer de problèmes."

Je fis une pause un instant, et repris. "Alors que le tiroir noir s'ouvre, vous allez voir un certain nombre de dossiers à l'intérieur. Petrina, dites-moi combien de dossiers vous voyez ?"

"Il y en a quatre," dit-elle tout de suite, d'une voix douce.

"Bien. Maintenant, alors que votre inconscient sort le premier dossier du tiroir et le pose sur la table, vous l'ouvrez et le regardez... dites-moi ce que vous voyez."

"J'attends que Maman revienne. Je suis seule..." commença-t-elle.

Le mot "seule" me frappa immédiatement comme important. Alors qu'elle continua à décrire sa peur d'être seule, j'écoutai avec attention. Je comprenais que par le passé, elle avait tout fait pour éviter d'être seule. Ce qui incluait de s'accrocher à des relations destructives. C'est ainsi qu'elle avait fini par se retrouver dans la situation présente. Maintenant qu'elle avait mis à nu ses émotions, je lui demandais d'aller jusqu'à la fin du dossier et de le poser sur la table.

"Maintenant, ouvrez le deuxième dossier et dites-moi ce qu'il contient."

"Joshua m'a trahie. Beaucoup de promesses vides. Il dit que quand nous nous marierons, il m'organisera un mariage traditionnel... Toutes les factures impayées... La haine... Je l'aimais beaucoup... Hazel… elle m'a trahie. Joshua… il a abusé de moi."

Les émotions montaient. A nouveau, je comprenais comme il était douloureux pour elle de reconnaître que quelqu'un qu'elle aimait et en qui elle avait confiance ait pu abuser d'elle physiquement. Elle avait trouvé des excuses à son comportement et avait voulu lui donner le bénéfice du doute.

Je lui demandai de fermer le deuxième dossier et d'ouvrir le troisième.

Petrina décrivit alors son expérience négative avec sa responsable qui l'avait harcelée moralement. Shirlene semblait être le genre de personne qui a un besoin excessif d'exercer son pouvoir sur les autres. "Shirlene… Je l'ai suppliée pour m'absenter. Elle dit que c'est moi qui rabâche mon passé malheureux. Je suis très fatiguée. Elle me force à travailler. Je l'ai suppliée pour obtenir un congé sans solde. Je voulais voir le médecin. Mais elle dit qu'elle ne veut pas m'aider. Je me sens minable. Elle me rend responsable de tous les problèmes. Elle dit : 'Vous allez perdre votre emploi si vous continuez comme ça.'"

"Maintenant que vous avez fini de consulter votre troisième dossier, vous allez le laisser sur la table et ouvrir le quatrième dossier. Que voyez-vous à l'intérieur ?" J'avais attendu avec impatience d'entendre les mémoires cachées qui pouvaient émerger si le nom d'Aaron était mentionné.

Il y eut une pause. "Je vois Fabian et Aaron…" dit-elle. Bingo ! J'attendais qu'elle donne des détails sur Aaron.

"J'entends des voix…" continua-t-elle. "Ce n'est pas bon pour toi." Elle fit encore une pause, luttant, comme si elle était à l'agonie. Soudain elle dit : "Je n'arrive pas à me souvenir !" et ouvrit les yeux.

Depuis qu'elle avait commencé la thérapie, c'était la sixième fois que Petrina était sortie de l'état d'hypnose à la mention d'Aaron.

Elle était maintenant parfaitement éveillée, regarda le plafond pendant un moment et se leva du divan, l'air déprimée et confuse. La séance ne s'était pas déroulée selon mes anticipations. Sans un mot, elle attrapa son sac et sortit un ticket de cinéma. Je le regardai et lus les mots "Golden Village Cinema". Le ticket datait du 5 juillet 2010.

"Comme je vous l'ai dit la dernière fois, le 5 juillet est une date à laquelle je suis très attachée, et je ne sais pas pourquoi." Elle parlait d'une voix dépitée.

Je la regardai attentivement et demandai : "Etait-ce un film particulier ?"

"Je n'arrive tout simplement pas à me souvenir de quel film il s'agissait, ni avec qui nous y sommes allés." dit-elle en me regardant gravement.

"Etait-ce avec Aaron ?"

"Je ne sais pas. Je n'arrive pas à me souvenir. Pensez-vous que vous pouvez m'aider ?"

Je pus voir toute sa détresse dans le fond de ses yeux. Je faisais face à un problème de mémoire réprimée. Plus grave encore, cette répression était utilisée par la patiente comme un mécanisme de défense contre la souffrance émotionnelle. Je me demandais ce que que j'allais dire. Je n'étais pas sûr où allait nous conduire le mystère qui se cachait sous la mémoire réprimée. Pourtant, d'un point de vue technique, il ne devrait pas être difficile de résoudre ce problème en utilisant l'hypnose.

Nous nous mîmes d'accord pour faire une autre tentative.

Petrina retourna s'installer sur le divan. Elle entra rapidement en transe et je la fis retourner à cet évènement important du 5 juillet 2010.

"Vous êtes maintenant de retour au 5 juillet 2010 et vous vous voyez au Golden Village Cinema... Maintenant, dites-moi ce qui se passe."

"Oh, je suis maintenant au cinéma du Centre Commercial de Tampines. Il fait sombre à l'intérieur du cinéma. Le film a commencé... Je suis avec un homme et on est venus voir le film '*Karaté Kid*'".

"Qui est cet homme avec qui vous êtes ?"

"Il est grand, hâlé..." dit-elle doucement et toujours en transe profonde. Soudain, elle se mis à froncer ses sourcils. "Oh! Je vais vous dire qui est-ce..." s'exclama-t-elle. Elle le reconnut en un éclair et lâcha : "C'est Aaron."

Bien qu'elle manifestât de l'enthousiasme pour sa découverte, je m'attendais à cela. Tous les indices rassemblés jusque-là pointaient en direction de cette personne clé comme étant Aaron. Néanmoins, cela me fit plaisir de voir son visage s'éclairer, même si elle était toujours en transe. C'était un moment "Euréka" pour elle et j'en fus heureux.

A ce moment, quelque chose d'inhabituel sembla se produire. Petrina était encore en transe. J'entendis un mélange de bruits indistincts et il y avait des signes d'agitation interne de sa part. Elle avait l'air confuse et incapable de se souvenir d'autre chose. Comme notre objectif était atteint, je la sortis de l'état de transe.

Comme à l'habitude, je commençai à compter de cinq à un. Et quelque chose de fascinant se produisit. Quand j'atteignis le compte de un, elle ne revint pas à elle. Elle resta profondément en transe. J'attendis un moment, mais elle ne montra aucun signe de retour à un état de conscience ordinaire. Je me préparai à la faire revenir une seconde fois, mais j'entendis soudain plusieurs voix sortir de sa gorge. On aurait dit que quelqu'un essayait de démarrer une conversation en elle.

Ensuite, je réalisai que des "parties" en elle discutaient. Il s'agissait des mêmes parties que j'avais appelées lors de la séance du 2 décembre. Ces parties venaient d'émerger spontanément de son psychisme. Elles apparurent comme des personnages différents et commencèrent un dialogue spontané.

C'était impressionnant !

Les deux parties, PERDU et HEUREUSE, dont les rôles respectifs étaient d'empêcher Petrina de se souvenir et de rendre Petrina heureuse se manifestèrent. Elles parlaient et se chicanaient en arrière plan.

Ceci était un développement inattendu et j'eus à improviser. Je renonçai à la sortir de transe et décidai de voir ce qui allait sortir de cet épisode spontané de thérapie des parties.

Dr Mack :	"Qui parle, s'il vous plait ?"
PERDU :	"C'est Perdu."
Dr Mack :	"Pourquoi êtes-vous soudain apparu ?"

PERDU :	"Je ne vais pas laisser Petrina se souvenir." [à propos d'Aaron]
Dr Mack :	"Pourquoi pas ?"
PERDU :	"Ce n'est pas bon pour elle ."
Dr Mack :	"Qu'en pensez-vous, Heureuse ? Est-ce que Petrina devrait se rappeler de l'identité d'Aaron ?"
HEUREUSE :	[Evitant le problème] "Aaron est un homme gentil. Il est coincé entre la famille et Petrina."
Dr Mack :	"C'est peut-être mieux pour Petrina de l'oublier ?"
HEUREUSE :	"Pour le moment, oui."
Dr Mack :	"Mais elle ne sera pas heureuse, jusqu'à ce qu'elle retrouve ses souvenirs le concernant."
PERDU :	"Petrina devrait rencontrer Aaron, mais pas tout de suite."
HEUREUSE :	"Je suis d'accord avec Perdu sur le fait que Petrina ne devrait rencontrer Aaron que quand le bon moment sera venu."
Dr Mack :	"Combien de temps Petrina devrait attendre ?"
HEUREUSE :	"Je ne sais pas. Aaron fait du mal à Petrina et ne sait pas qu'il lui a fait du mal. Petrina n'aime pas ça et menace de se suicider."
PERDU :	"Aaron déclenche tous les mécanismes de perte de mémoire en Petrina. Ils ne devraient pas se parler. Il doit se montrer responsable. Il sait ce qu'elle a traversé et le mal qu'il lui a fait. Il faudra qu'elle ait une confrontation avec Aaron un jour, mais seulement quand ce sera le bon moment."
Dr Mack :	"Petrina, êtes-vous d'accord ?"

Petrina :	[avec emphase] "La *clé* est avec Aaron. C'est la *clé* du coeur de Petrina."
Dr Mack :	"Heureuse, comment pensez-vous que vous pouvez aider Petrina à se souvenir d'Aaron ?"
HEUREUSE :	"Perdu fait blocage."
PERDU :	"Petrina va oublier Aaron. Le traumatisme avec Joshua est trop grave. Elle ne peut pas en vivre un autre. Aaron est la personne *clé* sur le sujet de ses oublis."
Dr Mack :	"Quelle est exactement la relation de Aaron et Petrina ?"
PERDU :	"Je ne vais pas le dire. C'est juste des promesses vides."
Dr Mack :	"Par promesses vides, vous faites référence à Joshua ou Aaron ?"
PERDU :	"Les deux."
Dr Mack :	"Est-ce qu'Aaron aime Petrina ?"
PERDU :	"Je ne sais pas."
Dr Mack :	"Alors comment aider Petrina ?"
PERDU :	"Et bien... en confrontant Aaron. Il faut lui dire qu'il l'a fait souffrir... mais ce n'est pas le bon moment."
Dr Mack :	"Y-a-t-il un meilleur moyen ?"
PERDU :	"Elle a perdu sa mémoire. Elle aime Aaron. Elle ne se souvient que de Joshua et Shirlene maintenant parce que j'ai bloqué sa mémoire à propos d'Aaron."
Dr Mack :	"Heureuse, que suggérez-vous ?"
HEUREUSE :	"Petrina ne veut pas oublier."
Petrina :	"Oublier ne va pas aider, car la *clé* est avec Aaron."
HEUREUSE :	"Je suis d'accord avec Perdue sur le fait que Petrina devrait confronter Aaron à un moment."

Dr Mack : "Petrina, êtes-vous d'accord ?"
Petrina : "Oui. Je suis d'accord avec tout le monde pour laisser Aaron de côté pour le moment et le confronter quand le bon moment sera venu."

Le résultat de cette discussion avec les parties ne sembla pas ajouter grand-chose en ce qui concernait la découverte d'une solution ou l'apport d'idées nouvelles. Curieusement, je notais la référence répétée à la **clé** qui se trouvait avec Aaron. En cet instant, je ne pouvais pas comprendre son sens symbolique. Le fait que le psychisme de Petrina résistait à se souvenir de l'identité d'Aaron restait un mystère. Les parties étaient d'accord pour une confrontation avec Aaron seulement quand le moment serait le "bon" sans aucune indication de quand cela pourrait se produire. Je ne me sentis pas plus éclairé.

Je pris une pause tandis que Petrina se rendait aux toilettes. J'avais besoin de temps pour élaborer une nouvelle approche pour vaincre ce blocage.

Alors que je l'attendais, je me mis à repenser à l'approche thérapeutique adoptée par la célèbre hypnothérapeute, Dr Edith Fiore. Elle avait aidé ses patients sur toutes sortes de problèmes cliniques avec ses méthodes. Elle explorait toujours la vie courante du patient à la recherche d'une cause, et quand elle n'en trouvait pas, elle allait chercher dans les vies passées du patient. Très souvent, à la racine de ces problèmes se trouvait l'histoire d'une vie passée qui était responsable des symptômes éprouvés par le patient dans sa vie courante.

La théorie derrière cette approche est karmique et basée sur le principe de cause et d'effet. Toute cause qui n'a pas encore produit son effet est considérée comme un événement en attente d'achèvement. Ceci crée un déséquilibre d'énergie et le rééquilibrage peut ne pas se produire sur la durée d'une seule vie. Si le déséquilibre énergétique perdure sur une autre vie, les individus auront besoin d'informations et de la connaissance de leur âme et de la réincarnation pour comprendre le sens des événements de leur vie courante et l'effet de leur propre réponse à ces événements.

Petrina revint des toilettes. Me souvenant qu'elle était de confession Bouddhiste, et n'avait pas de problème avec le concept de réincarnation, je suggérai l'option d'une thérapie sur les vies passées. Elle fut tout de suite d'accord.

Comme c'était sa première régression dans une vie passée, je choisis une induction hypnotique. Une fois qu'elle fut en transe, Petrina retourna dans une vie passée en Chine, et une histoire qui se passait durant la Dynastie Qing émergea très vite.

Petrina était une concubine impériale dans sa vie passée et elle était la favorite de l'Empereur, qu'elle décrivit comme "grand et hâlé". Il y avait des intrigues de palais et elle avait de graves conflits avec l'Impératrice. Puis le récit de la vie passée se mit à couler.

"Je suis en train de me marier. Je me marie avec l'Empereur," murmura-t-elle.

"Dites m'en plus," l'incitai-je.

"Quelqu'un me ligote. Je suis dans un puit. L'Empereur vient me sauver. Il me ramène dans sa chambre. Il me donne des médicaments. La potion est amère. Je m'endors..." L'histoire gagnait en suspense.

La scène de la vie passée progressait. "L'Empereur commence à m'apprécier... J'ai tué l'Impératrice et je suis devenue Impératrice moi-même. Ensuite j'ai des cauchemars toutes les nuits. Je rêve du moment où je tue l'Impératrice. Je finis par me suicider."

Apparemment, alors que l'histoire continuait, l'Impératrice était une personne mauvaise. Elle avait maltraité des gens et torturé toutes les autres concubines impériales. L'Empereur ne l'aimait pas et Petrina, en tant que concubine favorite, se sentit moralement le droit de se débarrasser d'elle. Bien sûr, il y eut un prix à payer. A ses funérailles, l'Empereur et de nombreuses personnes pleurèrent.

Je décidai alors d'obtenir des informations plus détaillées sur la manière dont elle avait planifié de tuer l'Impératrice.

"Retournez au moment où vous avez tué l'Impératrice."

"J'ai donné l'ordre au chef des cuisines d'empoisonner l'Impératrice. C'est une dose mortelle, donnée quotidiennement dans la nourriture pendant un mois. Elle est morte au bout d'un mois. Elle n'a aucune idée que c'est moi qui l'ai tuée."

"Que se passe-t-il après sa mort ?"

"J'ai des cauchemars. Je vois l'Impératrice mourir avec ses yeux ouverts." Un frisson parcourut mes épaules.

"Quelles sont vos émotions à ce point ?"

"Peur."

"Quelle pensée va avec l'émotion de peur ?"

"Mes mains sont couvertes de sang... mais ça en valait la peine. En l'éliminant, j'ai sauvé de nombreuses autres personnes."

"Que se passe-t-il ensuite ?"

"Je continue à avoir des cauchemars pendant sept ans. J'ai peur, mais je pense avoir bien fait." Il semblait n'y avoir aucun remords.

"Allez jusqu'au moment où vous vous suicidez."

"Je suis malade. J'ai un problème de coeur. Je me suis pendue. Je ne veux pas que l'Empereur me voie souffrir."

"Que ressentez-vous à ce moment ?"

"Suffocation," dit-elle. Le mot toucha un point sensible. Il semblait familier.

"Quelles pensées accompagnent la sensation de suffocation ?"

"Très peur... Ça va bientôt être fini..." Petrina sortit d'hypnose soudainement avec un regard étrange. Je fus un peu interloqué et quelque peu déçu.

Ma pensée initiale fut que la vie passée semblait avoir peu de rapport avec son problème courant. Ce qui me frappa fut la sensation de suffocation qu'elle décrivit juste avant d'émerger.

Elle avait fait l'expérience de cette impression d'avoir "suffoqué" à de nombreuses reprises dans sa maladie, au début de sa thérapie. Elle l'avait également raconté dans son journal et dans des dessins très explicites. Ce qui lui faisait autant peur à la fin de la régression était quelque chose que je n'arrivais pas à établir.

C'était dommage que je n'aie pu explorer la scène de la mort plus en détail. C'est une règle en thérapie de vies passées que la plus grande partie de la guérison se produise au moment de la mort. Ce qu'elle avait décrit avait l'air d'une mort triste et traumatique et la peine ressentie dans son âme au moment de la mort était causée par le fait de quitter son amant, l'Empereur, qu'elle allait laisser derrière. Je m'étais attendu à ce que tous les sentiments et les pensées non résolus au moment de sa mort, se regroupent et forment une empreinte très chargée sur les mémoires de son âme, et dont l'essence se serait transférée dans sa vie courante.

Petrina fut inhabituellement silencieuse après la régression dans la vie passée. Ceci m'ennuya. Après la séance, elle ne fit aucun commentaire sur l'histoire de sa propre vie passée, et eut l'air perplexe. Pendant un moment, je me dis qu'elle ressentait la même chose que moi, un peu déçue que l'histoire n'ait pas apporté d'élément supplémentaire sur l'identité d'Aaron.

Je réfléchis à la situation et après quelques minutes, je me décidai à faire quelque chose de différent pour dissiper son anxiété.

Une semaine plus tôt, un autre de mes patientes en hypnothérapie était rentrée d'une mission professionnelle en Thaïlande. Sur son chemin de retour, elle était passée à Bangkok et avait trouvé dans une boutique un coffret de CD appelé "Méditation – Musique Verte". Elle avait pensé que j'aimerais ce genre de musique et me les avait offerts comme cadeau de Noël anticipé. J'avais gardé les CD dans mon cabinet depuis.

Les CD étaient produits par Chamras Saewataporn et j'avais aimé écouter toute la série, le jour où elle me les avait donnés.

Chaque disque contenait une heure entière de musique très douce qui pouvait aider à conduire l'auditeur dans un état intérieur de sérénité. Parmi les trois, je choisis celui intitulé : "Voyage vers la Paix Intérieure". Il y avait sur la couverture un message, source d'inspiration : *Le chemin n'en finit plus. Le chemin est épuisant. Mais la destination est vraiment source de satisfaction personnelle.* Le message résonait étroitement avec mon propre état d'esprit.

J'avais toujours ressenti que la musique avait le pouvoir unique de nous amener à être conscients de nos sentiments sans retenue. La musique de méditation en particulier avait servi de stimulus pour m'aider à explorer mon propre inconscient. Je demandai à ma secrétaire de graver une copie du CD et la donnai à Petrina en l'assurant qu'elle le trouverait certainement utile.

*****

Je rentrai à la maison ce soir-là mentalement fatigué. Je me sentais moins en forme qu'à l'habitude. Le résultat de mes efforts en thérapie n'étaient pas à la hauteur de mes attentes et je n'avais pas réussi à comprendre le mystère de la maladie de Petrina. J'avais échoué à comprendre pourquoi elle ne se rétablissait pas comme elle le devrait après tous les efforts que j'avais déployés.

Peut-être, tout dans la vie arrivait pour une raison précise, me dis-je. Je détournai mon attention du travail et allais marcher dans le jardin près de la piscine. La brise nocturne me calma et dissipa mon fardeau émotionnel. Le parfum des fleurs et des arbustes était revigorant et soudainement je me sentis à nouveau connecté avec la nature.

Aux environ de 18h30, tandis que mon épouse préparait le dîner, je m'installai sur le canapé et ouvris mon ordinateur portable pour consulter Facebook. Alors que je consultais ma page pour voir les nouveaux posts, quelqu'un attira soudain mon attention. Dans la colonne "Amis en ligne", un profil familier apparut. C'était Eileen !

Eileen était une autre patiente inhabituelle. Je ne l'avais pas vue depuis quelque temps et soudain me vint une idée. Je décidai d'utiliser la fonction "messagerie instantanée" à bon escient.

Je cliquai sur la photo du profil d'Eileen et une boite de conversation s'ouvrit sur la partie à droite en bas de l'écran.

"Bonsoir !" tapai-je.

"Bonsoir Dr Mack. Comment ça va ?" Sa réponse fut rapide.

Eileen était une Eurasienne et avait été ma patiente pendant de nombreuses années. Elle avait développé une hernie incisionnelle à la suite d'une césarienne. Il y a quelques années de cela, elle souffrait de douleurs récurrentes de la hernie et m'avait été adressée par son gynécologue. Après avoir temporisé, je l'avais opérée et elle s'était rétablie sans problème. Durant cette période, alors que je fis mieux sa connaissance, elle me confia qu'elle avait un don de clairvoyance depuis qu'elle était jeune. En grandissant, elle avait amélioré son développement psychique. En tant qu'enfant, elle avait été considérée par ses parents comme un porte-malheur pour la famille, à cause de ses visions surnaturelles. Elle avait été élevée dans la religion catholique, et aimait parler à ses anges. En grandissant, elle avait rencontré un jour un prêtre de la paroisse qui lui avait enseigné de mettre ses dons de voyance au service du bien. Depuis, elle avait fait la paix avec ses capacités extra-sensorielles et avait aidé les autres au travers de ses voyances. Cependant, elle était restée humble, amicale et chaleureuse, et nous étions restés en contact depuis.

"Eileen, je pense que j'ai besoin de vos conseils en ce qui concerne une de mes patientes," tapai-je prudemment.

"Oh, j'ai attendu votre appel depuis plusieurs jours. Enfin, vous me contactez aujourd'hui."

Ce fut une réponse des plus surprenantes !

Je fus interloqué pendant quelques secondes. Comment avait-elle pu savoir ? Qu'est-ce qui se passait ? J'eus instantanément une montée d'adrénaline. Mon coeur se mit à battre plus vite. Je pris une inspiration profonde et ris intérieurement d'incrédulité ! Est-ce que je rêvais ?

Puis je me calmai en me souvenant que j'avais affaire à une personne psychiquement développée qui avait prouvé ses capacités extra-sensorielles.

"Vous voulez dire que vous avez vraiment anticipé mon appel ?!" demandai-je, en contrôlant mon excitation.

"Oui," répondit-elle calmement.

"Ça me surprend !" Je ne pus m'empêcher de m'exclamer.

"J'ai senti que vous aviez un problème et je m'attendais à tout moment à ce que vous m'appeliez pour me demander de l'aide. Ça fait un moment que j'attends."

"Oh, je vois !" Mes doigts tremblaient un peu tandis que je cafouillais sur le clavier de l'ordinateur. Je pris une autre inspiration profonde avant commencer à taper férocement.

"Oui, cette patiente est une jeune femme de 25 ans qui a été méchamment abusée par son ex-mari. Elle a subi trois avortements et développé des sentiments de culpabilité et une dépression. Elle a souffert de traumatisme émotionnel sévère accompagné de perte de mémoire sélective et maintenant, elle a des évanouissements soudains à répétition. Je lui ai donné plusieurs séances d'hypnothérapie. Bien qu'elle se soit globalement améliorée, ses évanouissemnets et pertes de mémoire ont à nouveau été déclenchés par une "voix" qu'elle a entendue pendant qu'elle était dans un taxi en route vers chez elle. Finalement, au lieu de rentrer chez elle, elle s'est retrouvée ailleurs, quelque part du côté de Hougang sur une aire de jeu. Elle ne se rappelait pas de ce qui s'était passé, ni de pourquoi elle s'était rendue à cet endroit. Pire, elle a temporairement oublié l'adresse de chez elle et s'est mise à pleurer de désespoir. Finalement, elle a obtenu de l'aide d'une amie et a pu rentrer chez elle. Elle et sa mère étaient paniquées. Toutes les améliorations obtenues en thérapie se sont envolées en fumée."

Je rédigeais tout le problème d'un seul coup. Je pris une minute de pause et repris.

"Elle est encore venue aujourd'hui pour une séance et je continue à faire ce que je peux pour l'aider à regagner son équilibre. Je ne veux pas lâcher. Mais, je commence à me demander si je suis la bonne personne et si j'ai vraiment les capacités pour la sortir de son malheur. Pouvez-vous m'aider et me donner des conseils sur cette situation ?"

C'était la première fois que je recherchais une aide de cette nature de la part d'Eileen, mais je ne doutais pas de son désir d'aider. Mon expérience avec elle était que quelle que soit la personne dont je parlais, elle était capable de visualiser son apparence et d'une certaine manière savoir de qui je parlais. Elle m'avait fait connaître sa merveilleuse capacité à former une image mental de l'individu en question avec juste une petite prière suivie d'une courte méditation. Les images qu'elle obtenait d'habitude de cette manière n'étaient pas de personnes en pied, mais elles étaient suffisamment claires pour pouvoir aller de l'avant.

Cela prit un petit moment avant qu'Eileen ne réponde. Cette fois-ci encore sa réponse m'étonna.

"Cette pauvre âme fait de son mieux pour sortir de ce trou obscur dans lequel elle se trouve. S'il vous plait, n'abandonnez pas. Son mari a utilisé un talisman d'origine thaïlandaise."

Je fus choqué par cette réponse !

Que s'était-il passé ? Qu'est-ce que c'était que cette histoire de talisman ? Je n'avais jamais entendu Petrina mentionner des rituels religieux d'origine thaïlandaise, pas plus que des pratiques de magie dans lesquelles son mari aurait pu être impliqué. Cependant, je connaissais Eileen comme quelqu'un dont je ne pouvais pas douter.

"Vous voulez dire qu'elle est sous une sorte d'envoûtement ?" Je reformulai soigneusement son message pour être sûr de bien la comprendre.

"Je vois de nombreuses figurines thaïlandaises dans une pièce sombre," écrivit-elle.

"Oh, pauvre de moi !" J'étais consterné. "De ce que j'en sais, les sortilèges thaïlandais sont très durs à lever. Je n'ai pas d'expérience à ce sujet. Comment devrais-je approcher ce problème ?"

"Ne vous inquiétez pas. Vous allez pouvoir l'aider. Tout n'est pas encore perdu. Elle est venue vous voir au bon moment."

Je me sentais encore un peu troublé par cette nouvelle révélation. "Je ne me sens pas à la hauteur... et si je n'insiste pas cette malheureuse ne va pas s'en remettre. Comme dois-je m'y prendre ?"

"Mon groupe de prière est en alerte et nous sommes tous en prière en ce moment. Pauvre femme... elle est passée par tant de choses. Nous devons essayer de l'aider," continua-t-elle.

"Merci pour votre aide. Que Dieu vous garde," écrivis-je.

"La bénédiction de Dieu sera toujours avec vous et vous serez guidé et protégé. Nous allons faire de notre mieux pour cette personne avec la protection de Dieu."

Je me déconnectais de Facebook, me sentant un peu confus et incertain. Mon esprit était dans un tourbillon. Je discutai du problème ce soir-là avec mon épouse durant le dîner. Elle me rassura sur le fait que je serai capable de surmonter cet obstacle. De toutes façons, elle savait que je n'abandonnerais jamais à ce stade.

J'allais me coucher ce soir-là sur une question sans réponse. Petrina avait-elle était envoûtée depuis le début ?

Chapitre Onze
Relever le défi

Comment serait la vie si nous n'avions pas le courage de tenter quelque chose ?

– Vincent van Gogh

A u moment où je discutai sur Facebook avec Eileen, Petrina s'accordait un moment de repos et de réflexion, seule.

Bien qu'elle n'ait pas été réservée ou taciturne après la séance de thérapie de ce jour, elle avait fait l'expérience à mon insu, d'une amélioration substantielle de ses symptômes. En fait, à ce moment précis, elle avait retrouvé la majorité pour ne pas dire la totalité de sa mémoire. Pour une raison quelconque, elle n'avait pas donné cette information à la fin de la séance. La seule chose qui avait encore besoin d'être résolue était le "mystère" derrière sa relation avec Aaron.

Ce soir-là, elle était chez elle, seule, écoutant tranquillement le CD de méditation. Elle avait utilisé le dessin pour trouver la sérénité spirituelle et maintenant, elle essayait de vivre la même chose avec la musique. Elle avait une impression de calme et de paix, qu'elle n'avait jamais ressentie auparavant. Avec l'effet de la méditation, les sentiments de lutte et de discorde qui l'avaient envahie dans les semaines passées la quittaient, comme les différentes pelures d'un oignon.

Plus tard ce soir-là, en état de légère exultation, elle écrivit dans son journal :

Lundi 13 décembre
⇨ *20h20*
Après la thérapie aujourd'hui, j'ai retrouvé la majeure partie de ma mémoire. C'est un bon signe ☺. Le seul problème est Aaron. J'ai peur de lui, mais je dois faire face. J'ai pu me souvenir de quelques uns de mes collègues, mes amis, mon ex-mari, presque tout ce qui m'est arrivé, après que j'ai écouté le disque de méditation que le Dr Mack m'a donné... Je pense que je vais me rétablir très bientôt ☺ !

L'état méditatif dura a peu près trois heures et elle glissa dans un état hypnagogique vers 23 heures. Malheureusement, les problèmes couvaient à nouveau.

Les voix commencèrent à revenir. Des conversations la tinrent éveillée. Il semblaient que la partie d'elle "coupable" parlait. Petrina se souvint plus tard qu'elle avait clairement entendu sa propre voix dire : "Ta vie est misérable, tu ne devrais pas vivre."

A un moment Petrina entendit une voix lui dire de mettre fin à sa vie en se coupant les veines. Dans un état intermédiaire entre le sommeil et la veille, elle obéit aux instructions de la voix. Elle prit un canif dans sa main droite et fit une coupure de 3 cm en travers de son poignet gauche. Très vite, la douleur de la coupure la ramena à l'état conscient.

Elle se trouva soudainement éveillée. Choquée par sa stupidité, elle se demanda : mais qu'est-ce que je fais ? Lâchant rapidement le couteau, elle examina son poignet. Elle avait de la chance. La coupure était superficielle et n'avait pas touché les vaisseaux sanguins se trouvant plus profond. Cela saignait à peine et elle était sauve. Elle nettoya la blessure, mit un pansement et retourna se coucher.

Ce fut un moment très dur. Pendant les deux semaines précédentes Petrina avait fait un effort délibéré pour aller bien et elle avait déjà parcouru un long chemin. Elle se refit la promesse qu'elle n'allait pas gâcher ses efforts, qu'elle allait rester forte et se rétablir très vite. Cette nuit-là, elle eut recours aux anxiolytiques une fois de plus pour se calmer. Elle se remémora qu'elle avait besoin d'aller de l'avant.

> ⇨ *23h25*
>
> *Je ne peux pas continuer ainsi. Je dois me confronter à Aaron demain... Il ne me reste pas beaucoup de temps. Je veux me rétablir... Que s'est-il passé entre nous ? Pourquoi ne veut-il pas aider ? J'espère juste que demain j'arriverai à en tirer quelque chose...! J'espère juste pouvoir tourner la page en ce qui le concerne !*

Les médicaments aidèrent et elle s'endormit après un moment, juste pour être réveillée par des voix très tôt le matin. Cette fois-ci, il semblait qu'il s'agissait de la voix d'Aaron.

> ### Mardi 14 décembre
> ⇨ *3h09*
>
> *J'entends une conversation de ce style : "Tu me manques", et moi-même le confrontant ; "Il est temps"... Est-ce mon imagination ? Je ne sais pas...*

Au plus profond, il y avait un besoin très fort de confronter Aaron une fois pour toute et elle pensait que le temps était venu pour elle de le faire. Elle se dit : "Non, je dois faire cela tout de suite. Dès demain matin, je vais aller chez lui ou à son travail pour le confronter."

Ce fut un combat terrible pour se rendormir cette nuit-là. Au matin, Petrina se leva et était déterminée à aller au fond des choses. Ses parents et ses frères étaient tous partis au travail et elle décida de régler ça toute seule. Au cas où Aaron ne serait pas décidé à l'aider à retrouver la mémoire, elle était psychologiquement préparée à surmonter la difficulté émotionnelle par elle-même. Elle se dit qu'elle ne pouvait plus retarder son rétablissement. Il était temps de se jeter à l'eau même si elle devait se confronter seule à Aaron...

⇨ *9h00*
Oublier tous les mauvais souvenirs a quelque chose de bon... A condition que ça ne mène pas à des problèmes de santé. Je suppose qu'il est temps pour moi de faire face à la réalité et de passer à autre chose, que j'aime ça ou pas. Je ne veux pas être juste un fardeau pour ma famille.

Il était 9 heures du matin le 14 décembre. Petrina chercha le numéro de téléphone Aaron et l'adresse de son entreprise. Le taxi la conduisit à une destination dans le quartier de Hougang. Il s'agissait d'un quartier résidentiel, à sa surprise.

En chemin, elle se demanda plusieurs fois : "Est-ce que je devrais faire cela ou non ? Est-ce que ce n'est pas mieux de garder mes mauvais souvenirs dans l'oubli ?" Cependant, une force intérieure la poussait. Elle savait qu'elle devait guérir et avait besoin de faire vite.

A son arrivée, elle se trouva dans un groupe résidentiel d'appartements HDB (Housing Development Board[2]) construits selon le programme de subvention du gouvernement. L'endroit se trouvait proche de la jonction entre Hougang Avenue et Upper Serangoon Road. Plusieurs immeubles dans le quartier avaient été récemment repeints en bleu et jaune. Il n'y avait aucun signe de commerce ou activité professionnelle.

Elle prit un ascenseur pour le 6ème étage et fut surprise de voir qu'il n'y avait aucun signe pour indiquer la présence d'une entreprise. Cela avait tout à fait l'air d'un appartement résidentiel.

---

[2] Equivalent HLM à Singapour (*ndt*)

Elle finit par découvrir qu'Aaron exerçait son activité professionnelle à domicile.

Elle hésita un bon moment et n'avait pas le courage de sonner à la porte. Après réflexion, elle appela le numéro d'Aaron qu'elle avait dans son carnet d'adresses. Quelqu'un décrocha et elle demanda : "Je cherche quelqu'un nommé Aaron?"

"Oui, c'est moi," répondit Aaron, "et vous êtes…?"

"Je suis Mademoiselle Teh," se présenta-t-elle faiblement. "J'ai besoin d'un service de votre part. Je suis juste devant votre porte. Puis-je vous parler en personnne ?" Un silence s'ensuivit, et le ligne fut coupée.

Trente secondes passèrent. La porte s'ouvrit. Un homme jeune, grand et hâlé apparut. Il avait des sourcils sombres et épais, et des cheveux courts, raides qui étaient légèrement ébouriffés et coiffés sur le côté droit, avec de longues pattes le long des mâchoires. Ses yeux étaient sombres et son regard perçant.

En face d'elle se tenait l'homme qui avait infesté sa vie depuis trois mois. Il était celui qui avait déclenché ses crises émotionnelles à répétition, l'avait envahie dans ses cauchemars et hantée dans ses hallucinations auditives. Elle avait souffert de multiples syncopes à cause de lui. Et pourtant, il restait un étranger pour elle à ce moment précis. Petrina était incapable de le reconnaître !

Il se fixèrent pendant un instant. Son coeur flancha et elle hésita sur ce qu'elle allait dire. Aaron continua à la regarder calmement et se conduisit comme s'il ne l'avait jamais vue.

Après quelques minutes l'attention de Petrina fut détournée par son apparence physique, particulièrement son teint hâlé. Elle brisa le silence et demanda : "Etes-vous d'ici ?"

"Ça ne se voit pas ?" répondit-il sèchement, ne montrant toujours pas de signes d'invitation à entrer dans son appartement.

"Non, vous ne m'avez pas l'air d'être d'ici, pas vrai ?" demanda-t-elle avec curiosité. "Mais votre nom de famille est Yeong, n'est-ce pas ?"

"Hmm." Il hocha la tête.

Alors qu'elle le scrutait pour trouver des indices visuels, elle luttait mentalement pour se souvenir de ce qui la reliait à cet "étranger" en face d'elle. Son esprit commençait à être un peu lourd et confus. Des bribes et morceaux de souvenirs luttaient pour remonter à la surface et les pièces du puzzle se bousculaient pour s'accorder. Elle eut quelques rapides flashbacks, mais trouver un sens à ces maigres informations disponibles n'était pas facile à ce moment stressant.

Elle fit un effort pour se concentrer mentalement. L'anxiété montait. Une peur de l'inconnu la submergea. Ensuite, un frisson d'épouvante parcourut son corps. Elle avait l'impression de se trouver sur un territoire interdit ou qu'elle avait franchi des limites défendues. Son corps commença à frissonner, mais elle ne comprenait pas pourquoi. Il était 9h30, un mardi matin ensoleillé et la température extérieure était agréable. Pourtant, les légères oscillations dans les muscles de ses extrémités augmentaient rapidement en fréquence et amplitude, jusqu'à devenir des tremblements sévères.

"Je m'appelle Petrina..." elle se présenta d'une voix tremblante. A ce moment, elle sentait une grosse pression intérieure, aggravée par le besoin d'expliquer le propos de sa visite. Il y avait trop d'incertitudes concernant "l'étranger" qui se tenait en face d'elle et sa peur de ne pas savoir à quoi s'attendre de cet homme en termes de réaction ou d'aide faisait empirer son état.

"Oui, Petrina, que puis-je faire pour vous ?" continua-t-il d'une manière vide d'expression. Petrina resta muette pendant un moment.

"On dirait que vous avez très froid," ajouta Aaron, mais ne fit aucun effort pour l'inviter à l'intérieur.

Après avoir surmonté ses tremblements, elle rassembla suffisamment de courage pour expliquer qu'elle souffrait de pertes de mémoire et pensait qu'il était la bonne personne pour l'aider à retrouver ses souvenirs. Aaron était resté sérieux pendant ce temps. Il avait implicitement accepté de l'aider. Néanmoins, au lieu de l'inviter à entrer chez lui, il la conduisit dans le hall de réception de l'immeuble pour continuer leur conversation.

Un dialogue très difficile commença. Comme les informations qu'elle arriverait à en extraire allaient être cruciales pour retrouver la mémoire, Petrina demanda à Aaron la permission d'utiliser un enregistreur. Il refusa catégoriquement, disant qu'il n'était pas à l'aise avec cette idée. Il lui permit, cependant, de prendre des notes.

Elle sortit son stylo et son journal de son sac, et ouvrit le cahier à la page de sa dernière entrée. Elle commença à réfléchir aux questions qu'elle allait poser alors qu'un douloureux et complexe processus de recouvrement de la mémoire débutait…

Aaron était diplômé de l'Institut polytechnique de Singapour en 2001, avec une spécialité d'ingénierie en électronique et communications. Ensuite, il avait étudié la psychologie à la Murdoch University et avait obtenu son diplôme en 2009. Petrina l'avait toujours considéré comme un "psychologue" et l'admirait pour cela. Après son diplôme, il était entré dans une entreprise de management appelée PEACE Consulting Services qui fournissait des formations en management pour le développement du capital humain et organisationnel.

Petrina se souvint qu'elle avait rencontré Aaron pour la première fois sur le campus de l'hôpital lorqu'il était venu donner le cours d'intégration des nouveaux employés, organisé par le Département de la Qualité de Service. Ceci avait eu lieu en mars 2010. Bien qu'elle avait été embauchée en septembre 2009, le manque d'employés ne lui avait permis d'assister au programme d'intégration que six mois plus tard

Il y avait 18 employés participant à ce cours d'intégration. Bien qu'il se voyaient pour la première fois, Petrina et Aaron ressentirent une connexion inexplicable. C'était un sentiment de familiarité comme s'ils s'étaient connus depuis longtemps. Durant la formation, les autres participants avaient remarqué qu'Aaron regardait fréquemment dans la direction de Petrina pendant de longs moments. Petrina de son côté avait trouvé la formation ennuyeuse. Sa pensée était occupée par son divorce et elle n'était pas d'humeur à écouter parler de management. En fait, ce qui la frappa fut qu'elle avait des visions récurrentes d'une clé tandis qu'Aaron parlait. C'est comme si elle voyait la clé portée en pendentif autour du cou de quelqu'un. Cette clé était la même que celle qu'elle avait dessinée par deux fois dans son journal…

"En fait, Aaron m'aborda personnellement et me demanda depuis combien de temps j'étais employée. Je lui dis depuis six mois. Pendant qu'il me parlait, j'avais de réels flashes d'images de la clé, mais ne pris pas la peine de le remarquer," se souvint Petrina.

Fig. 15 : "La clé est avec Aaron."

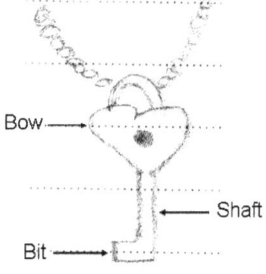

Bizarrement, depuis ce jour au cours d'intégration, elle continua à percevoir des flashes de la clé de temps à autre pendant les quatre mois qui suivirent, jusqu'à sa première sortie avec Aaron en juillet 2010. Il y avait quelque chose de constant sur la forme, l'apparence et la matière de la clé, qu'elle soit apparue dans ses visions, ses dessins ou ses rêves. C'était une clé en or (Fig. 15) avec un rubis rouge au centre d'un anneau *(bow)* en forme de coeur, une tige *(shaft)* courte et un panneton *(bit)* plat et rectangulaire. Il y avait également un anneau semi-circulaire attaché au "coeur", avec un collier de perles qui passait dans l'anneau.

La date à laquelle il sortirent ensemble pour la première fois était le 5 juillet 2010. A cette époque Aaron était plutôt gentil avec elle. Après avoir vu un film ce soir-là, ils étaient allés au restaurant japonais manger des sashimi. Ensuite, ils étaient sortis tous les samedi soir.

A cette époque, Petrina commença à se demander si elle devait ou non permettre à leur relation de progresser et de se développer plus avant. Elle venait d'engager la procédure de divorce depuis deux mois et surmontait à peine le traumatisme de son mari abusif. Intuitivement, elle sentait qu'un engagement précipité dans une nouvelle relation n'était pas raisonnable. D'un autre côté, elle avait besoin de compagnie. Les amis de son cercle initial, proches de Hazel et Joshua, l'avaient tous laissée tomber et elle se sentait seule.

Aaron semblait avoir de bonnes capacités d'écoute et montrait de l'empathie. Pourtant, au début, Petrina rejeta systématiquement l'idée d'entrer dans une relation. Alors Aaron lui présenta les choses d'une autre façon : "Cela dépend de toi, si tu veux lâcher prise et passer à autre chose. Je te tends la main, mais c'est ton choix de la prendre ou pas. Ma famille est très ouverte. Notre relation ne les dérange pas."

Aaron était très confiant sur le fait que leur relation allait finalement marcher. Une des raisons qu'il présentait était que sa mère était divorcée et pouvait comprendre ce que ressentait une personne qui avait eu un mariage raté. Les chances que sa mère objecte à sa relation avec une femme divorcée étaient par conséquent faibles.

Petrina fut tentée d'accepter son offre, mais resta hésitante pendant un certain temps. Elle venait juste de surmonter le cauchemar d'avoir eu à faire face à un mari abusif et la peur d'un autre échec était rédhibitoire. D'un autre côté, elle espérait pouvoir se remettre plus vite si elle avait une attache émotionnelle en la personne de quelqu'un en qui elle pouvait avoir confiance.

Jusqu'à ce moment de sa vie elle savait qu'elle n'avait pas eu l'opportunité de se découvrir. Elle avait toujours essayé de faire ce que d'autres attendaient d'elle. Elle avait accepté ce que d'autres avaient dit qu'elle était et ce qui la motivait dans la vie. Maintenant, elle avait besoin d'un changement. Elle avait besoin de découvrir sa nature profonde et de démarrer sa vie à nouveau. En même temps, elle était tentée de se reposer et d'être soutenue par un partenaire masculin et de réussir la suite de sa vie.

Finalement, le 11 août Petrina et Aaron décidèrent de poursuivre leur relation de manière sérieuse. C'était la date que Petrina portait dans son coeur. Leur relation s'enflamma très vite, au point qu'il lui envoyait des SMS toutes les heures. En dépit du fait qu'elle faisait beaucoup d'efforts dans cette relation, elle était consciente de ne l'avoir côtoyé que depuis à peine deux mois et, peut-être, de ne pas le connaître vraiment. Lorsqu'elle se trouva émotionnellement impliquée, elle trouva de plus en plus difficile de faire preuve d'objectivité sur la personnalité de Aaron et sa propre situation.

"J'ai beaucoup souffert de mon précédent mariage et je n'ai pas envie de revivre la même chose dans notre relation," dit-elle à Aaron un jour où elle se sentait un peu fragile.

"Tu es la dernière personne à qui je ferais du mal..." fut la déclaration rassurante que lui fit Aaron.

Malheureusement, les choses ne tournèrent pas comme Aaron l'avait promis. Il manqua des rendez-vous à plusieurs reprises Après cela, il ne répondit plus à ses appels téléphoniques et resta injoignable pendant des jours. Lorsqu'elle se confrontait à lui, il donnait toujours la même excuse d'être très occupé. Finalement, il lui dit que ses parents n'approuvaient pas leur relation et qu'il avait décidé d'y mettre fin.

"Je n'ai pas le choix. Mes parents s'opposent fermement au fait que j'aie une relation avec une femme divorcée. Il vaut mieux que nous arrêtions de nous voir." Sa position fut très ferme.

Petrina réagit très négativement à cette décision abrupte et unilatérale. Au moment où elle avait besoin de soutien émotionnel, elle avait du mal à accepter ce changement d'attitude. Elle avait pris au sérieux sa promesse initiale d'affection et elle lui tenait à coeur. En fait, elle l'avait considérée comme un voeu, trop sérieux pour être rompu. Cette brutale privation d'amour n'était ni compréhensible, ni acceptable de son point de vue.

A la fin, la force du choc fut trop dure pour elle. Ce second traumatisme émotionnel fut aussi dur, si ce n'est pire que celui que Joshua lui avait infligé. Elle devint triste, déprimée et se sentit émotionnellement déchirée. Surmonter un deuxième traumatisme lié à une relation sentimentale s'avéra rapidement compliqué.

A partir de la rupture, le psychisme de Petrina s'exila. Elle s'exclut de son expérience courante et passée. Malheureusement, il y eut une censure traumatique de sa mémoire sur certains aspects de sa relation avec Aaron, à tel point que certaines parties furent oubliées et d'autres furent remplacées par une version idéalisée de la vérité.

La vie était dure et ses choix limités. Elle avait besoin de surmonter cette expérience insupportable mais n'y arrivait pas. Blessée et confuse, elle se désintégrait tandis que la tension montait en elle.

L'impact de l'oubli traumatique s'accroissait tandis que le vide et la tristesse dévoraient sa vie. Elle n'avait confiance en personne pour pouvoir se confier. Elle commença à se sentir déconnectée et apathique. Ceci se manifesta sous forme de pertes de conscience occasionnelles. Puis elle fit des syncopes pendant sa pause déjeuner au travail. La vie était devenue ténébreuse et misérable depuis.

L'histoire ci-dessus se dévoilait lentement dans la mémoire de Petrina, tandis que le dialogue avec Aaron se poursuivait dans le hall d'entrée de l'immeuble. Au moment où Aaron expliqua les circonstances de leur rupture, elle se réveilla soudainement.

Jusque-là, elle avait pris des notes soigneusement dans son journal pour saisir le contenu de leur conversation. Soudainement, une déclaration la toucha profondément. En fait, cela la fit sortir d'un coup de son amnésie !

"Ce n'est pas de ta faute. Ce n'est pas de ma faute non plus, et la rupture n'est pas une catastrophe de toutes façons," dit Aaron d'une manière désinvolte.

Petrina en voulut énormément à Aaron pour la manière dont il présenta les choses. Après tout, c'était lui qui avait voulu la relation en premier lieu. Et bien qu'il était prétendument sous la pression de ses parents, il aurait pu au moins proposer de la rencontrer épisodiquement, jusqu'à ce que la procédure de son divorce soit terminée. Elle ne voyait pas le besoin de se presser pour rompre abruptement et définitivement. Elle n'avait même pas eu l'opportunité de rencontrer ses parents.

Avec la déclaration légère de Aaron, Petrina se réveilla soudain et compris la source de son amnésie dissociative. C'était la déception d'avoir placé sa confiance totale en quelqu'un dont elle pensait qu'il allait l'aider à surmonter son désespoir. Elle avait espéré qu'il était la meilleure personne dont elle pouvait dépendre comme compagnon. C'était aussi la terreur de l'expérience répétée d'un autre partenaire romantique lui faisant des "promesses vides" et se terminant en une autre relation ratée.

Dans un moment de fureur, elle arracha de son journal la page sur laquelle elle était en train d'écrire. Puis, elle la déchira en petits morceaux qu'elle jeta à la figure d'Aaron.

Ensuite, elle se sentit étourdie. Il y eut un bourdonnement dans ses oreilles et elle commença à se sentir faible. Ceci fut rapidement suivi par une perte de conscience. Alors qu'elle s'affaissait, elle se cogna et se blessa aux tibias. Elle se souvint qu'elle s'en remit rapidement, seulement pour s'évanouir et tomber finalement. Ce qui fut décevant et frustrant fut le fait que Aaron l'avait laissée tomber à chaque fois, sans lever un doigt pour la rattraper. Il était inimaginable pour elle qu'un homme qu'elle avait chéri comme un amant et considéré comme un parfait gentleman ait pu lui faire ça à un moment où elle était aussi vulnérable !

*****

J'étais assis à mon bureau à l'hôpital ce matin-là, occupé à rédiger mes rapports médicaux. Il était 10h40. Mon téléphone portable sonna et le numéro d'Aaron apparu sur l'écran. Je fus surpris, car je ne savais pas ce qui s'était passé chez lui.

"Allo," dis-je avec curiosité.

"Dr Mack, c'est Aaron." C'était une voix nerveuse. "Désolé d'avoir à vous appeler, mais j'ai pensé que vous pourriez aider."

"Que se passe-t-il ?" Je commençai à être intrigué.

"C'est Petrina." Il semblait stressé. "Elle est chez moi."

Mon coeur se serra. Je ne m'étais pas attendu à ce Petrina soit aussi audacieuse.

"Elle est venue ce matin me voir chez moi," continua Aaron "Je lui ai parlé et l'ai aidée à retrouver la mémoire, mais maintenant elle est effondrée et pleure. Je crains de ne pas pouvoir m'en occuper."

En arrière-plan, j'entendis quelqu'un qui pleurait de manière hystérique et dans une tourmente émotionnelle. Je reconnus la voix de Petrina.

"Est-ce qu'elle est venue seule ?" demandai-je inquiet.

"Oui, et malheureusement, il n'y a personne ici pour m'aider."

"Euh…" hésitai-je. "Puis-je lui parler ?"

Il y eut une pause avec des voix étouffées dans le fond, puis la voix d'Aaron reprit : "Je crains qu'elle ne soit trop bouleversée pour parler tout de suite."

Je me mis à penser rapidement.

"Et bien… peut-être vous pouvez appeler sa mère pour qu'elle vienne la récupérer. Elle doit être au travail à cette heure-ci, mais vous pouvez essayer son portable." Après l'incident où Petrina avait été récupérée errant désespérée au 3 Hougang Avenue, dans l'impossibilité de se souvenir de sa propre adresse, j'avais gardé le numéro de portable de sa mère par précaution. Je fouillai dans mes contacts, trouvai le numéro et le transmis à Aaron.

Je restai assis à mon bureau à soupirer. Je réfléchis à l'incident et essayai d'imaginer ce qui allait se passer ensuite. Vingt minutes plus tard, Aaron rappela. Il avait l'air encore plus désemparé.

"Dr Mack, sa mère n'a pas répondu au téléphone. Petrina est toujours ici et je ne sais pas quoi faire d'elle... Oh, attendez une seconde, je crois qu'elle veut vous parler."

Il y eut du soulagement dans le ton de sa voix, tandis qu'il passa le téléphone à Petrina.

"Dr Mack, je me souviens de tout maintenant," dit Petrina d'une voix tremblante et d'une manière bouleversée. Puis, elle éclata en larmes et rendit le téléphone à Aaron.

"Ok, Aaron, elle a l'air dans tous ses états." Restant calme, je lui dis : "Pourquoi ne lui laissez-vous pas quelques minutes pour s'en remettre et après vous l'amenez à l'hôpital. Elle a un rendez-vous avec moi aujourd'hui de toutes façons."

"Euh... que dois-je faire ?"

"Elle ne peut pas venir seule, parce qu'elle peut faire un malaise à tout moment. Est-ce que ça vous dérangerait de l'accompagner à ma consultation ?"

"Et bien…" Il y eut un moment d'hésitation à l'autre bout de la ligne. Je sentis une hésitation. "Euh… d'accord, mais à quel service de l'hôpital dois-je l'adresser ?"

Avant que je puisse répondre, Aaron continua faiblement. "J'ai un autre rendez-vous après ça." Il était clair qu'il essayait prendre de la distance avec les problèmes de Petrina.

"Oh, je vois…" J'étais déçu. "Dans ce cas, vous pouvez juste la déposer à la station de taxi à l'entrée du Bloc 3 de l'hôpital. Je la prendrai en charge à partir de là."

Je soupirai. Ce que je ne pouvais pas comprendre, c'était comment Petrina pouvait s'empêtrer émotionnellement avec quelqu'un qui ne semblait pas montrer un niveau minimum d'intérêt ou d'affection pour elle. J'émis un autre soupir tandis que je remis mon téléphone portable dans ma saccoche. Dans l'état où elle se trouvait, je ferais bien de la retrouver à la dépose de taxi de l'entrée de l'hôpital. Au moins, je pourrais avoir un aperçu de ce à quoi ressemblait cet Aaron.

J'estimai que leur trajet en taxi devrait prendre entre 15 et 20 minutes. Vers 11h15, je quittai mon bureau et me dirigeais vers l'ascenseur du septième étage.

Une fois à l'intérieur de l'ascenseur, je reçus un appel d'Aaron disant qu'il était déjà arrivé à la consultation externe de la Clinique C. L'ascenseur arriva au niveau 1 et je me dépêchais en direction de la consultation. Lorsque j'atteignis le sous-sol, quelqu'un m'appela. Je me retournai et aperçus un homme grand et hâlé. Il mesurait environ 1m75, portait un T-shirt rouge-brun, un short gris et des sandales. Il se dirigeait vers moi avec un air morose.

"Bonjour, je suis Aaron." Il se présenta.

Voilà, je rencontrais finalement l'homme au centre des malheurs de Petrina. Il contribuait à toutes ses crises cauchemardesques et sa misère. Il était aussi le déclencheur par lequel elle sortait à chaque fois brutalement de transe pendant la thérapie. Comparativement, sa contribution au traumatisme de Petrina avait l'air plus importante que ce qui venait de son mari, Joshua.

Il parlait clairement, lentement et d'une manière imperturbable. Et ceci, malgré le stress et le drame qu'il avait vécu avec Petrina durant l'heure et demi passée chez lui. J'étais impressionné par son sang-froid. Je remarquai également qu'il était seul. Instinctivement, je cherchai alentour et ne vis Petrina nulle part.

"Petrina est allée aux toilettes." expliqua-t-il voyant que je la cherchais du regard. Puis il pointa en direction des toilettes pour femmes situées près de l'ascenseur.

"Vous êtes venus rapidement," remarquais-je.

"Nous sommes venus en taxi. Ça n'a pris que dix minutes mais elle s'est évanouie trois fois en chemin."

"N'êtes-vous pas pressé de partir ?" demandai-je.

"Non." Il secoua sa tête.

"Comment va Petrina maintenant ?" dis-je.

Sans répondre il chercha dans la poche de son T-shirt. "A propos, je pensais que je pouvais vous donner ça, au cas où vous les trouveriez utile."

Sa main gauche attrapa quelque chose dans la poche et sortit une poignée de morceaux de papier déchiré. Il y avait seize morceaux en tout, et je les reconnus immédiatement comme provenant du journal de Petrina. C'était la page qu'elle avait déchirée et jetée au visage d'Aaron plus tôt. Néanmoins, il avait récupéré les morceaux au cas où ils pourraient me servir pour l'aider à retrouver la mémoire.

"Merci," dis-je tandis que je pris les morceaux de papier et les rangeai rapidemant à l'abri des regards. Je me sentis gêné à l'idée que Petrina pouvait arriver et que sa tendance à s'évanouir puisse être déclenchée à la vue de la page de son journal déchirée en morceaux.

"Mais que s'est-il passé plus tôt chez vous ?" demandai-je.

"Et bien, Petrina est venue taper à ma porte ce matin, et m'a demandé de l'aider à retrouver la mémoire. Je lui ai longuement parlé et... au fur et à mesure qu'elle a retrouvé la mémoire, elle est devenue très agitée et s'est évanouie."

Tandis que Aaron parlait, je vis au loin Petrina sortir des toilettes. Lorqu'elle passa la porte, elle se sentit faible et essaya de s'appuyer au mur. Mon coeur se serra. Je sentis qu'une autre syncope arrivait. Et, en effet, elle commença à glisser contre le mur et s'effondra au sol. Tout cela se produisit en deux secondes. Nous étions dans un espace public, et cela attira l'attention et provoqua un vacarme.

J'appelai de l'aide. Les assistantes de consultation se dépéchèrent d'aller chercher un brancard et les infirmières la couvrirent en hâte avec un drap en attendant l'arrivée du brancard. Je restai avec elle, prenant son pouls pendant tout le temps. Sa respiration était régulière et je remarquai qu'elle luttait pour ouvrir ses paupières, mais était trop fatiguée pour les ouvrir en grand. Ceci me donna l'indication qu'elle allait revenir à elle bientôt.

Quand les assistantes revinrent enfin avec un brancard, les infirmières la soulevèrent et la placèrent sur le brancard. Elle fut alors transférée dans l'intimité d'une pièce de consultation. Elle avait besoin de repos et nous la laissâmes sur le brancard pour l'instant. Ce qui me dégoûtait, fut le fait qu'Aaron était resté à distance pendant tout ce temps alors que tout le monde autour essayait d'aider.

De ce que j'avais appris par Petrina, Aaron était quelqu'un de très poli et courtois, et s'était toujours conduit en parfait gentleman en public. Pendant les deux mois où ils s'étaient fréquentés, elle avait remarqué que lorsqu'ils étaient dans un fast food du genre de McDonald's, Aaron aidait volontiers à nettoyer les tables des plateaux laissés par d'autres clients. Il était le genre de personne à débarrasser spontanément les tables restées sales, même s'il n'avait pas l'intention de s'y asseoir. Il était le genre de personne à se précipiter pour aider quelqu'un qui était tombé dans la rue.

Compte tenu des faits précités, il était donc inconcevable qu'Aaron se soit activement retenu d'aider son ex-petite-amie qui s'était évanouie et était tombée juste sous ses yeux. Elle n'aurait jamais pu penser qu'il pouvait rester immobile durant tout ce temps, la laissant seule allongée sur le sol, sans aider. Clairement, il voulait se dissocier de toute cette agitation.

Quinze minutes plus tard, Petrina se remettait dans la pièce de consultation, avec une infirmière à ses côtés. Elle avait un air dégoûté, alors qu'elle luttait pour ouvrir les yeux et sortir de sa syncope.

Elle demanda sur un ton amer : "Que diable Aaron fait-il dehors ?"

Comme elle n'était pas complètement remise, j'évitai de répondre. Je l'aidai plutôt à se calmer et lui dit que j'allais la laisser quelques minutes avec l'infirmière pendant que j'allais chercher Aaron dehors.

Assez vite, je le localisai se tenant dehors dans un coin de l'espace public. Il n'avait fait aucune tentative pour aider lorsqu'il avait vu Petrina s'évanouir et tomber. Lorsque plusieurs d'entre nous étions occupés à la transférer sur le brancard, il était délibérément resté éloigné de l'action. La vue de son attitude distante me rappela soudain le symbolisme derrière le rêve vivace de Petrina du 7 décembre. Dans ce rêve, il était l'homme qui ne s'était pas donné la peine de l'aider lorsqu'elle essayait désespérément de sortir d'une pièce dans laquelle elle était enfermée (Fig. 9).

Nous reprîmes notre conversation là où nous l'avions laissée. Aaron me raconta sa version de l'histoire. Il avait initialement rencontré Petrina le 5 juillet parce qu'une amie mutuelle avait demandé à Petrina de lui transmettre une boîte de chocolats et une carte de remerciements. Il avait considéré ça comme un prétexte de la part de Petrina pour se rapprocher de lui. Il confirma qu'ils étaient allés voir *Karaté Kids* au Tampines Mall ce soir-là. Après la séance, ils étaient allés dîner au restaurant japonais. Il prétendit qu'après cela Petrina était tombée amoureuse de lui. Il démarrèrent une relation à laquelle sa mère s'opposa finalement. Il décida alors de rompre pour calmer les tensions familiales. Il ne s'attendait pas à ce que sa décision ait un aspect aussi dévastateur sur elle.

Tandis qu'il parlait ses narines devinrent humides et je l'entendais commencer à renifler. Pendant un moment, je crus que des émotions montaient en lui.

A ce moment, mon évaluation d'Aaron était qu'il y avait peu de chances que j'obtienne de lui plus d'aide qu'il n'en avait déjà apporté. Il ne semblait pas non plus être désireux d'attendre que

Petrina revienne à elle pour lui dire au revoir. Je pris la rapide décision de lui parler franchement.

"Ok, Petrina est en train de se remettre de son évanouissement et elle pourrait revenir à elle à tout instant." Puis, je rappelai à Aaron, "Ce n'est pas une bonne idée que vous restiez ici au moment où elle va se réveiller. Je ne veux pas prendre le risque qu'elle vous voie et que ça la bouleverse. Il vaut mieux que vous partiez maintenant." lui dis-je d'un ton sincère.

"Merci, Dr Mack, pour ce que vous avez fait. On reste en contact." Il y avait des signes de gêne sur son visage, mais il semblait néanmoins soulagé. Il disparu rapidement de ma vue sans hésitation.

Je soupirai une fois de plus et retournai vers la pièce de consultation pour vérifier l'état de Petrina. Elle était maintenant parfaitement revenue à elle. L'infirmière Faridah l'avait aidée plus tôt à descendre du brancard et à s'asseoir sur une chaise. Elle était maintenant consciente mais visiblement déprimée. Faridah lui apporta un verre d'eau.

Il y eut un long silence gêné dans la pièce. Je m'installai au bureau tandis que je l'invitai à s'asseoir dans la chaise réservée au patient en face de moi. Elle prit une gorgée d'eau et fixa le sol d'un air misérable. Je restai assis en face d'elle et décidai qu'il valait mieux laisser un silence.

Les deux premières minutes passèrent… elle ne dit rien. Il y avait des signes de colère sur son visage. Je me retins délibérément de parler. Une autre minute passa et elle ne parlait toujours pas. Les sillons au dessus de ses sourcils se détendirent progressivement.

Après une minute, elle soupira. Puis elle leva la tête et je pus voir l'amertume dans son expression faciale.

"Maintenant, je me souviens de tout ce qui s'est passé," dit-elle d'un ton amer. "Il m'a salement blessée."

"Je sais," répondis-je doucement.

"Où est-il maintenant ?" demanda-t-elle.

"Je lui ai demandé de partir pendant que vous étiez en train de vous remettre," répondis-je lentement, en surveillant son expression. "Je ne voulais pas que vous le voyiez et soyiez encore bouleversée. De toutes façons, il a dit qu'il avait un autre rendez-vous."

Il y eut plusieurs secondes de silence.

"Un sac de mensonges, cet homme... que des promesses vides," dit-elle en colère. "Je ne sais pas pourquoi je me suis mise avec lui. Il est tellement décevant !"

"Vous êtes renversée." Je fis une pause. "Ça a été une période difficile pour vous... mais au moins, il ne vous a pas maltraitée physiquement comme Joshua."

"Mais c'est pire, non ?" dit-elle d'un ton de défi, tenant sa tête de côté pour me regarder. Je sentis la blessure irradier de son regard perçant.

J'eus mal au coeur. Je maintins le contact visuel, mais décidai de ne rien dire. A un moment comme celui-ci, je pensai que le silence serait plus utile.

"Et dire que pendant tout ce temps j'allais mal à cause de lui. Je n'aurais jamais dû lui faire confiance," dit-elle d'un ton de regret.

Nous nous réfugiâmes dans le silence une fois de plus. Les minutes passaient. L'énergie dans la pièce était intense. Tout au fond, je me demandai où cette situation embarrassante allait nous mener.

Chapitre Douze
Progrès majeur

Le pardon est la clé qui ouvre la porte du ressentiment et les menottes de la haine. C'est un pouvoir qui brise les chaînes de l'amertume et les entraves de l'égoïsme.

– William Arthur Ward

Il sembla qu'un long moment passa pendant que Petrina et moi nous faisions face. Pendant le vacarme et le drame lorsque Petrina s'était évanouie en face des toilettes, j'avais intuitivement ressenti qu'Eileen, mon amie voyante, pensait à moi. Elle m'avait informé plus tôt qu'elle avait récemment souffert d'une infection respiratoire. Tandis qu'elle consultait son médecin de famille ce matin-là, elle m'avait envoyé un merveilleux SMS.

"Bonjour, je suis chez mon médecin. J'ai demandé à mon groupe de prières de prier pour votre patiente et que tous les anges prient et vous assistent aujourd'hui."

Ce message égaya mon humeur. Il arrivait au moment où Petrina luttait pour surmonter sa colère et où je réfléchissais aux moyens de lui venir en aide.

J'étais encore assis dans la pièce de consultation, priant pour le rétablissement de Petrina. Tandis que je disais mes prières silencieusement, j'eus soudain l'impression évidente que quelque chose était en train de changer.

La tension dans le corps Petrina se relâchait. Sa respiration était devenue plus régulière et les sillons sur son front s'étaient effacés. Elle avait l'air plus à l'aise et l'amertume sur son visage était en train de disparaître. Son air amical revenait et elle eut l'air de lâcher prise. Un processus de transformation rapide était en cours. Son expression faciale s'illumina et une énergie positive commençait à revenir dans la pièce.

Une demi-heure plus tard, Petrina avait retrouvé son calme. Elle dit de manière décidée : "C'est vraiment inutile de se fâcher à propos de cet homme. C'est fini."

"Je vous comprends." Je confirmai sa décision et me sentis un peu soulagé.

"Je pense que je vais rentrer à la maison maintenant," elle me surprit en disant cela soudainement.

"Toute seule ?" J'hésitai.

"Oui," affirma-t-elle avec assurance.

Durant un instant, je fixai son expression faciale et je ne sus pas quoi dire.

"Je vais prendre un taxi et rentrer seule à la maison. Ça devrait aller." Elle avait l'air de lire mes pensées.

Après l'avoir dévisagée avec hésitation pendant un instant, je décidai d'avoir confiance en mon intuition. "D'accord. Je vous laisse partir seule à une condition."

"Oui ?" Elle se demandait ce que je pouvais bien vouloir.

"Vous promettez de m'appeler une fois que vous serez arrivée chez vous sans problème ?"

Elle me regarda avec un sourire forcé et hocha la tête.

Je l'accompagnai une fois de plus à la station de taxi. Le silence dominait.

"Prenez soin de vous," dis-je doucement. Un taxi ralentit et s'arrêta dans l'espace devant nous. Elle se retourna et m'adressa un sourire touchant. C'était un sourire qui renforça ma confiance qu'elle se trouvait déjà sur le chemin du rétablissement.

Il était midi et je regardai le taxi s'éloigner. Je réfléchis à son changement d'humeur soudain. Intuitivement, je sentai que la guérison commençait à avoir lieu. J'eus une forte prémonition que ce moment était un tournant dans sa maladie.

Aux environs de 13h je reçus un SMS de Petrina disant qu'elle était arrivée sans problème chez elle. Ce fut une sentiment merveilleux. Pour la première fois en trois semaines, je me sentis vraiment détendu. Je retournai à mon bureau et anticipai plus de bonnes nouvelles pour bientôt.

A son retour à la maison, Petrina s'assit et réfléchit tranquillement à ce qui s'était passé ce matin-là. Il y avait un petit autel Bouddhiste chez elle. Elle s'assit en face de l'autel et mit le CD de méditation que je lui avais donné. Elle entendait la musique apaisante, mais n'arrivait pas à la ressentir avec son coeur.

Elle avait ressenti beaucoup de douleur psychologique et de déséquilibre quand les différents éléments en elle étaient dissociés. Cependant, le bavardage mental se dissipait maintenant et elle retrouvait tout doucement le chemin vers une dimension spirituelle. Les fragments de sa personnalité fusionnaient en des ensembles de plus en plus grands.

Ce fut un moment de silence paisible. Tandis qu'elle méditait, elle se posa plusieurs questions : pourquoi suis-je si malheureuse ? Pourquoi est-ce que je me pose toutes ces questions ? Maintenant que tout est fini, pourquoi ne pas me pardonner ? Et si je peux me pardonner et pardonner à Aaron, peut-être que ma vie en sera meilleure. Pourquoi est-ce que je me compare aux autres ? Est-ce que je ne pourrais pas me contenter de ce que j'ai maintenant, cela rendrait les choses beaucoup plus faciles ?

La recherche de réponses à ses questions fut une aide considérable. Le silence intérieur était comme la flamme stable d'une bougie dans l'air immobile. Elle ressentit une libération d'énergie et un bien-être soudain. C'était comme si sa nuit noire s'était transformée en matin radieux. Le processus de la méditation lui permit de trouver un calme plein de dignité et rendit le pardon possible.

Il ne fallut pas longtemps pour que le conflit se dissipe et que l'éparpillement mental laisse la place à un sens d'unité. En acceptant sa situation, Petrina avait reconnu les sentiments de colère et de ressentiment qui l'empêchaient de pardonner. Pour la première fois, elle perçut une plus grande profondeur au sens de sa vie.

Le flux de ses pensées continuait tranquillement. Le fait de tourner son attention vers l'intérieur rendit ses pensées plus actives et insistantes. De fait, Petrina se souvint d'une pensée qui s'était créée dans son esprit : "Peut-être, indirectement, Dieu m'envoie le message qu'il est temps pour moi de passer à autre chose et de ne pas me tourmenter avec des choses inutiles."

Un état de vigilance intense mais détendu s'était développé en elle. Des compréhensions profondes semblaient surgir dans l'espace qu'elle avait créé. Finalement, elle comprit les sentiments de douleur et de chagrin qui accompagnaient le besoin de pardonner.

A un moment, elle commença à se remémorer des histoires. "J'ai vu un bon nombre de documentaires à la télévision. J'ai vu cette femme en Afrique. Elle est malade et pourtant elle se bat pour vivre jour après jour pour voir ses enfants grandir. Alors, je me dis que si elle a la capacité de faire ça, pourquoi, moi qui suis en bonne santé, je n'y arrive pas ? Il doit y avoir une raison pour laquelle Dieu m'a faite ainsi."

L'après-midi marqua un tournant dans sa vie. Ses souvenirs revinrent rapidement. Elle se souvint des grandes espérances qu'elle avait placées en Aaron pour l'aider à tourner la page, alors qu'elle était en plein divorce. Elle se souvint combien sa déception avait démoli ses sentiments et l'avait expédiée sur un chemin de malheur. Elle se souvint des identités de tous ses amis et collègues qui avaient fait l'objet de son amnésie. Elle se souvint aussi d'où et comment elle avait perdu son arrêt de travail et les circonstances qui l'avaient amenée à oublier d'envoyer ce document important. Elle se souvint en détail du comportement odieux de sa responsable Shirlene qu'il avait fallu qu'elle supporte. Plus encore, elle se souvint de tous les gens et les évènements qui avaient déclenché ses pertes de conscience dans les mois passés. Mais tout était fini à présent..

Elle en était arrivée à accepter qui elle était et ne se jugeait plus aussi durement que par le passé pour ses défauts. Le plus important de tout, c'est qu'en apprenant à pardonner, elle avait franchi une étape majeure vers son acceptation de la dimension spirituelle.

L'amour était ce qui la faisait vivre, et pourtant c'était aussi ce qui l'avait aveuglée et torturée jusque là.

La capacité de réfléchir au sens de l'amour, du point de vue le plus élevé, était source de joie. Elle comprit que l'amour était objectif et pas ce sentiment déformé par le biais individuel. En conséquence, elle était capable de se relier à d'autres personnes sans être submergée. Elle pouvait voir à présent que l'amour était imprégné de compréhension intelligente et qu'elle pouvait aider ceux qui seraient touchés par l'amour.

Environ deux heures plus tard, le bipeur de mon téléphone sonna. Il était 14h48 et un message majeur de Petrina arriva :

"Merci pour tout ce que vous avez fait pour moi, Dr Mack... C'est pour moi une odyssée de la vie dans laquelle j'ai finalement compris ce que veut dire *'Lâcher-prise'*. Plutôt que de haïr et de porter de la culpabilité, j'ai appris à pardonner... Si Aaron vous contacte, s'il vous plait, dites lui que je lui suis reconnaissante de m'avoir aidé à me rétablir... Je ne le hais pas, ni ne le blâme. S'il veut que nous restions amis, ma porte sera toujours ouverte pour lui... Haïr une personne prend trop d'énergie et n'en vaut pas la peine... Puisque Dieu ne m'a pas reprise, c'est qu'il doit y avoir une raison. Je suis reconnaissante d'avoir rencontré Aaron. Il m'a fait beaucoup souffrir, mais sans le vouloir, il m'a rendue plus forte qu'avant."

Ceci était peut-être le message le plus beau et le plus encourageant que j'aie jamais reçu de Petrina depuis que je l'avais rencontrée en qualité de patiente. L'amour avait suscité en elle le courage d'avancer et la confiance pour aller vers une nouvelle phase de sa vie. Cela l'avait aidée à faire sauter les barrages et défaire les noeuds en elle. Elle avait finalement procédé à la clôture de ses problèmes après deux semaines intensives d'hypnose et de thérapie de régression.

Petrina s'était redécouverte. Une mystérieuse barrière intérieure venait de tomber. A ce moment-là, une réalisation de toute beauté s'était faite dans sa conscience. Sa déclaration selon laquelle la haine était contre-productive résonna en moi. Je me souvins de quelqu'un qui avait un jour comparé le fait de haïr une autre personne à brûler sa propre maison pour se débarrasser d'un rat. Ce fut une joie de communiquer avec elle par téléphone. J'insistai sur le besoin d'aller de l'avant dans sa vie, car le bonheur lui serait dénié si elle continuait à s'accrocher au passé.

Ce soir-là Petrina réfléchit et écrivit dans son journal :

Mardi 14 décembre
⇨ 19h40
Je suis allée au bureau d'Aaron pour me confronter à lui... Il m'a dit beaucoup de mensonges jusqu'à aujourd'hui. Je comprends pourquoi il n'a pas envie de rencontrer le Dr Mack. Juste un menteur comme Joshua. Quand j'y pense, me suicider pour lui et perdre mon meilleur ami Fabian n'en valait pas la peine... Ça n'a pas d'importance... Sans lui, je ne me serais pas rétablie. Bien qu'il m'ait blessée, je ne serais pas devenue plus forte sans lui. Je ne peux pas le blâmer totalement. Si je ne lui avais pas donné l'opportunité de démarrer une relation, ça ne se serait pas terminé de cette manière. C'est une étape d'apprentissage dans ma vie, alors j'ai choisi de lui pardonner et de rester amie avec lui... haïr

quelqu'un est trop fatiguant. Ça n'en vaut pas la peine. Aaron ne peut que regarder en arrière et regretter de ne pas avoir été correct avec moi. Mon amour pour lui est malgré tout très fort, mais je pense qu'un jour je serai capable de l'oublier. Le temps va guérir mes blessures.

Pendant ce temps, Aaron m'avait demandé, un peu honteux, de le tenir au courant des progrès de Petrina. Il semblait se sentir mal de l'avoir laissée seule à l'hôpital et d'être reparti seul chez lui. Je l'informai qu'elle allait bien et était déjà sur le chemin de la guérison. Je le rassurai également sur le fait que, d'après mes observations cliniques de sa vitesse de rétablissement, elle était peu susceptible de l'ennuyer à nouveau.

Il se sentit soulagé et m'écrivit un long message.

"J'espère sincèrement que ces souvenirs qu'elle a retrouvés lui feront plus de bien que de mal. C'est déprimant de la voir dans cet état, mais comme vous l'avez dit, elle devrait aller mieux de jour en jour. Merci de l'avoir aidée. J'espère que la vie va continuer de s'améliorer pour elle. Vous avez été merveilleux, Dr Mack. Je suis content qu'elle soit venue me voir aujourd'hui et de vous avoir rencontré personnellement. Elle m'a envoyé deux messages ensuite, pour me dire qu'elle se souvenait de tout, mais je n'ai pas répondu pour ne pas compliquer les choses encore plus. Je vous souhaite de superbes fêtes de Noël."

Tandis que je lus et réfléchis au message d'Aaron, je me demandais si la relation entre eux deux était vraiment terminée, comme ils le disaient. J'avais le sentiment persistant que quelque chose allait se passer bientôt. Cependant, je ne parvins pas à mettre la main dessus.

Lorsque j'arrivais chez moi ce soir-là après le travail, je me sentis fatigué physiquement, mais émotionnellement en pleine forme. Je n'avais pas été fatigué comme cela depuis longtemps. Tandis que je me relaxai dans le confort douillet de mon canapé, je me connectai à Internet pour mettre au courant Soeur Beatrice,

Soeur Louise et Eileen de ce qui s'était passé aujourd'hui. Comme d'habitude Soeur Beatrice fut enthousiaste de tous les progrès obtenus en hypnothérapie.

"Vraiment spectaculaire et fatigant," commenta-t-elle, "mais cela en vaut la peine et le temps passé, si cela contribue à rendre meilleure la vie de quelqu'un... Petrina a vraiment raison ; la colère prend beaucoup d'énergie. Je suis heureuse pour vous et qu'elle aille mieux maintenant."

Soeur Beatrice ajouta un commentaire très encourageant à son message. "Etre un hypnothérapeute efficace est comme être un chasseur efficace... La maîtrise c'est d'avoir la bonne technique pour le client que vous traitez."

La dernière phrase de son message se rapportait en fait à une histoire pertinente qu'un de ses amis hypnothérapeute de l'IMDHA (International Medical and Dental Hypnotherapy Association) lui avait racontée. Elle m'avait envoyé l'histoire par email. J'aimais beaucoup la lire et l'appelais la "Parabole du chasseur". Elle était à la fois appropriée et source d'inspiration.

Parabole du chasseur

Il était une fois une tribu... et dans cette tribu, il y avait le fils du meilleur chasseur du village. Il adorait son père et voulait juste devenir comme lui. Chaque jour, il prenait son arc et ses flèches et il s'entraînait, s'entraînait, s'entraînait... Son tir était si juste qu'aucun des autres garçons du village n'essayait de se mesurer à lui, car il tirait droit et juste, et gagnait toutes les compétitions.

Finalement, son père accepta de l'emmener à la chasse. Il fut ravi. Il se leva tôt ce matin-là et prit son arc, une flèche et alla chercher son père. Quand il vit son père, il fut choqué... Il portait sur son dos 3 ou 4 différents arcs et au moins 100 flèches. Le garçon était confus. "Père... Pourquoi prends-tu autant de flèches ? Tu es le meilleur chasseur du village. Je n'ai pris qu'UNE flèche et UN arc. Tu tires

> certainemement mieux que moi. Pourquoi as-tu pris autant de flèches et d'arcs ?"
>
> Le père répondit... "Je suis le meilleur chasseur du village parce que j'ai toutes ces différentes flèches. Quand il pleut... j'utilise cette flèche... quand l'air est sec, j'ai une flèche spéciale. Cette flèche-là est pour chasser les oiseaux dans le ciel, celle-là c'est pour les poissons dans la rivière. J'ai un arc pour tirer de loin et un arc pour tirer de près. J'en ai un pour les lapins, un pour les cerfs et un pour les ours. Parce que j'ai toujours l'arc approprié et la flèche appropriée au gibier que je veux chasser, je réussis toujours. Et voilà pourquoi je suis le meilleur chasseur du village."

Soeur Louise fut très heureuse d'apprendre du rétablissement de Petrina. De bien des façons, elle avait pris l'initiative d'intervenir dans la gestion de la maladie de sa patiente et avait apporté le soutien nécessaire pour rendre la thérapie possible.

Eileen, de son côté, répondit avec de mots encourageants :
"Que Dieu et Ses anges soient loués pour leur aide. Vous allez pouvoir l'aider à être une personne plus forte avec la confiance de faire face au monde. Mais, elle a encore besoin de vous, alors s'il vous plait, prenez encore un peu soin d'elle. Je vous embrasse, vous avez fait du super travail"

Ces mots "elle a encore besoin de vous" attirèrent mon attention. J'avais toujours pris au sérieux les mots et les conseils d' Eileen. Lisant entre les lignes du message d'Eileen, je sentis qu'il se pouvait que "l'odyssée héroïque" de Petrina ne soit pas vraiment achevée.

*****

Dans la soirée, chez elle, Petrina dormait prodondément et paisiblement. C'était la première fois en trois ans qu'elle s'était endormie facilement et qu'elle profita d'un sommeil ininterrompu et de qualité. Elle se sentit comme un oiseau qui était sorti de l'oeuf en tapant avec son bec.

Le matin suivant, elle se sentit reposée, et c'était une sensation qu'elle n'avait pas eu depuis longtemps. Ce fut le jour où le monde lui apparut différemment. Avec soulagement, elle vit que toute la détresse et le vide qui avaient été si pénibles auparavant, avaient disparu durant la nuit.

Il y avait une brume dorée à l'horizon alors qu'elle regarda par la fenêtre de sa chambre. L'air semblait vivant. Elle eut le merveilleux sentiment que ça allait être une belle journée. Elle se sentit forte et confiante à l'idée que tous ses problèmes avaient été réglés. Tout semblait aller pour le mieux.

Après le petit-déjeuner, elle retourna au lit et passa le reste de la journée à dormir, sans l'aide de médicaments. Elle ressentait toujours de la fatigue physique. On aurait dit qu'elle avait beaucoup de sommeil à rattraper, mais ça ne l'inquiétait pas.

Mardi 14 décembre
⇨ *22h07*

Cela fait longtemps que je n'avais pas dormi aussi bien. C'était merveilleux de pouvoir dormir sans aucun médicament... mais quand je me suis réveillée, j'avais mal partout car je me suis évanouie un certain nombre de fois. Je suppose que lorsque je suis tombée, Aaron ne m'a pas rattrapée... Décevant... Avant, il était très gentil et protecteur, mais après ce qui s'est passé hier, il n'en vaut vraiment pas la peine. Surtout quand je vois le sourire sur son visage quand je suis dans cet état... Et bien, il a juste prouvé qu'il est un hypocrite.

Rétrospectivement, une part de moi aurait aimé hier qu'il ait été suffisamment gentleman pour rester jusqu'à ce qu'il soit sûr que j'aille bien et que je pouvais rentrer chez moi... J'ai l'impression qu'il n'a pas le moindre

remords pour ce qu'il a fait. Quoi qu'il en soit, je pense qu'un jour quand il s'en souviendra, il regrettera sûrement. Ce n'est pas facile de trouver quelqu'un qui vous aime vraiment. En ce qui me concerne, j'ai aimé Joshua et Aaron ; c'est juste qu'ils ne savent pas apprécier ce qu'ils ont. Au moment où je me suis souvenue de tout hier et que j'ai réalisé qu'Aaron m'avait dit des mensonges, qu'il n'avait aucune intention de m'aider à me rétablir, mon amour pour lui s'est éteint tout doucement...
 Je suis confiante de pouvoir l'oublier très bientôt. J'ai toujours voulu apprécier ce que j'avais avant qu'il ne soit trop tard. Quant à Aaron, quand il se retournera et voudra se réconcilier avec moi, je ne serai plus là. C'est comme un cycle. On récolte ce qu'on sème. J'ai choisi de pardonner.

 Petrina se sentait une autre personne. En tant que personne qui s'était sortie des problèmes de sa vie, elle se sentait à la fois légère intérieurement et heureuse des perspectives futures. Alors qu'elle n'avait pas oublié les souvenirs chargés de douleur, elle pouvait maintenant se les remémorer calmement tout en considérant ces expériences passées avec un regard complètement différent. Les trois derniers mois de sa vie avaient été épouvantables, mais l'expérience des souffrances telle qu'elle avait eu lieu avait été particulièrement libératrice et cruciale dans le processus de guérison. Elle avait remplacé le ressentiment et l'amertume par des pensées et des sentiments positifs. Tandis qu'une partie de la blessure intérieure subsistait, l'hostilité était remplacée maintenant par de la bonne entente. Sa clarté mentale lui avait montré le chemin vers ses ressources de paix intérieure et d'inspiration.
 Elle avait compris un principe fondamental. L'esprit humain était comme un papillon qui prenait la couleur du feuillage sur

lequel il se posait. De même, ses pensées agissaient sur elle d'une manière profonde et venaient de définir son univers de manière nouvelle. Compte tenu de tout cela, elle fut émerveillée de la rapidité de son rétablissement.

"Je suis encore plutôt perplexe sur le fait que j'ai pu me rétablir si vite. C'est arrivé du jour au lendemain." se rappela-t-elle.

Depuis qu'elle m'avait envoyé le message du pardon ce jour-là, elle n'avait plus eu d'évanouissements. Elle était aussi complètement libérée de la dépression. Les membres de sa famille étaient aussi étonnés qu'elle. Les nouvelles de sa guérison spectaculaire firent vite le tour de son cercle social et attirèrent un flot d'amis et de visiteurs chez elle.

*****

On était le jeudi 16 décembre, et c'était le 18ème jour de thérapie pour Petrina. Elle arriva à ma consultation à 15h30 mais cette fois-ci avec un air joyeux et rayonnant.

Elle portait une jupe noire qui arrivait au genou. La tenue était brillante et attirante, avec des bretelles fines aux épaules. Elle souriait et resplendissait avec la joie et le charme d'une déesse. Elle portait un collier fin avec un petit pendentif. Elle avait coiffé ses cheveux soigneusement et mis du maquillage pour créer un teint qui la faisait paraître jeune et ravissante. Elle avait mis du mascara jusqu'à ce que ses cils soient épais et ses yeux sensuels. Cela contrastait sérieusement avec l'allure fragile et l'apparence de masque qu'elle avait lorsque je l'avait rencontrée la première fois. Eblouissante de beauté et de confiance en elle, elle arriva à la consultation.

Nous eûmes une conversation particulièrement agréable et productive. Nous discutâmes de plusieurs sujets y compris des leçons à tirer de la guérison dont nous avions fait l'expérience ensemble. Son insomnie avait disparu d'un jour à l'autre et elle avait dormi à la fois profondément et paisiblement. En fait, elle avait dormi la nuit précédente durant 13 heures sans se réveiller et se sentait beaucoup mieux psychiquement à son réveil.

Elle se rendait compte qu'elle n'avait jamais été heureuse dans sa vie jusqu'à ce jour. Elle se rappelait de tous les souvenirs déplaisants qu'elle avait refoulés jusque là. Elle pouvait se souvenir des traumatismes émotionnels et parler de ses expériences douloureuses sans hésitation ou peur. Après en avoir parlé, elle les mettait de côté en haussant des épaules et en souriant. Elle m'assura qu'elle se sentait confiante pour reprendre son travail à la consultation d'ophtalmologie à la fin de son congé maladie. De plus, la perspective d'avoir à faire à sa responsable Shirlene n'était plus un problème.

Ensuite, elle se souvint de son enfance, son comportement rebelle et comment elle avait survécu au sein d'une famille dysfonctionnelle. Elle décrivit ensuite le manque de sécurité qu'elle avait ressenti plus jeune et dont la conséquence avait été de penser qu'en se mariant rapidement, elle s'en remettrait à un homme qui lui apporterait la sécurité dont elle avait besoin.

Elle éclaircit mes doutes sur les circonstances de sa troisième grossesse. C'était arrivé quand elle avait déjà engagé la procédure de divorce et était partie de chez elle. Quelque temps après, elle était revenue prendre des affaires et était tombée sur Joshua. Dans un moment de désir, il l'avait forcée dans une relation sexuelle.

Nous parlâmes à nouveau d'Aaron. Elle se sentait suffisamment confiante pour parler ouvertement de ses sentiments et de son ressenti. Petrina l'avait perçu comme quelqu'un qui "aurait préféré avoir une vie de famille". Après leur rupture, il avait décidé de passer plus de temps avec sa propre famille. Plutôt que de travailler comme l'employé d'une entreprise de conseil en management, il démissiona pour établir sa propre activité. Tandis qu'il était encore en train de préparer son business plan, sa soeur eut besoin de son aide et il alla l'aider dans son entreprise. Quelque temps après, l'entreprise de sa soeur connut de sérieuses difficultés. Ensuite, il démarra sa propre entreprise de nettoyage que son père accepta de financer.

Jeudi 16 décembre
⇨ *23h15*

Aujourd'hui, je suis allée à mon rendez-vous avec le Dr Mack me sentant détendue et heureuse. Enfin, le cauchemar est terminé ☺.

J'ai toujours entendu les gens dire que être Heureux ou Non est un choix, mais je n'avais jamais compris ce que ça voulait dire. Maintenant, après tous ces traumatismes et leçons apprises, j'ai compris le sens de cette phrase. La plupart du temps, les gens prennent les choses pour acquises, demandant plus, se plaignant constamment, comparant leur vie à celle des autres... pourquoi est-ce que je ne peux pas avoir ceci ou cela, ce qui rend la vie difficile pour eux. J'étais comme ça avant, mais maintenant j'ai changé. Le nouveau moi sent que les êtres humains doivent apprendre à être heureux de ce qu'ils ont. Ne pas s'attendre à trop, comme ça, si la vie ne répond pas à cette attente, on ne sera pas déçu. Ce qui est étrange, c'est que la plupart des gens ne voient pas ou n'apprécient pas ce qu'ils ont en face d'eux, mais rétrospectivement, ils se mettent à regretter... Alors pourquoi se rendre la vie difficile ?

Je crois en le karma et la réincarnation. Si la durée de la vie humaine est en moyenne 65 ans, alors combien de fois devons nous passer par le processus d'être à nouveau un être humain ? Si c'est le cas pourquoi ne pas choisir de vivre la vie à fond, être une personne heureuse ? On ne sait pas ce qui va se passer demain

Je remarquais que Petrina était particulièrement ouverte sur elle-même, son passé et les changements par lesquels elle était passée.

Je saisis alors l'occasion d'explorer les aspects plus personnels de sa vie.

"A propos, est-ce que Joshua a des amis thaïlandais ?" A ce stade, j'évitais de divulguer le contenu de ma conversation précédente avec Eileen.

"Oui, beaucoup en fait, " répondit-t-elle aussitôt. Dans les minutes suivantes, une longue histoire émergea.

"Il avait l'habitude de passer du temps avec beaucoup de ses amis thaïlandais, car il avait des affaires avec eux, mais je ne leur ai jamais été présentée. Après qu'on se soit mariés, on a vécu dans une maison/boutique dans laquelle il avait un autel où il avait mis un dieu thaïlandais. Il priait régulièrement et pas mal de choses étranges semblaient arriver dans la maison ensuite. Par exemple, ses prières semblaient attirer un grand nombre de mille-pattes. Je ne sais pas pourquoi. Ce n'étaient pas des petits mille-pattes, mais des gros, longs d'environ 15 centimètres... Effrayant. Il y a un an, il a mis une statue thaïlandaise dans sa voiture, et je me souviens que c'était au moment où notre relation a commencé à se détériorer."

L'information était effrayante. Elle était incroyablement en accord avec ce que m'avait communiqué Eileen précédemment. Je continuai à enquêter.

"Y-a-t-il eu d'autres choses étranges associées aux dévotions de Joshua ?"

"Oui… des choses absolument effrayantes. Il y a trois ans, un soir, aux environ de 22 heures, j'ai vu une forme allongée sur notre lit, habillée de noir et qui avait l'air d'une Vietnamienne, avec de longs ongles noirs. Je ne me rappelle pas combien de temps elle est restée, mais elle n'est jamais revenue. C'est à partir de ce moment-là que j'ai commencé à faire de l'insomnie."

C'était une conersation très étrange. Je m'étais demandé : est-ce que Petrina a vraiment été sous l'emprise d'un sort tout ce temps ?

Chapitre Treize
Travail inachevé

En cas de mort traumatique en particulier – mort soudaine ou horrible – nous n'avons pas moyen de nous mettre en accord avec notre vie ou notre mort... Si nous mourons sans avoir fait cela, nous quittons cette vie avec ce que Dr Woolger appelle "le travail inachevé de l'âme". Nous passons la porte de la mort en emmenant nos problèmes non résolus avec nous et le besoin pressant de terminer ce qui ne l'a pas été. Ce besoin de résolution va se manifester sous forme de problèmes dans une autre vie. Le travail inachevé propulse les souvenirs.

– Carol Bowman

Nous terminâmes la séance à 17h45. Pour la première fois depuis trois semaines, elle repartit chez elle en bus au lieu du taxi. Alors que nous nous quittions, il me vint soudainement une question que je n'avais pas eu l'occasion de poser alors qu'elle allait mal.

"A propos, Petrina, avez-vous réalisé tout ce temps que je ne suis pas un psychiatre ?"

Elle sourit largement. "Oui, mon frère m'a questionnée à ce propos l'autre jour. Il se demandait pourquoi un chirurgien pratiquait l'hypnothérapie sur sa soeur !"

Je lui retournai son sourire et me tint silencieusement dans l'entrée de l'hôpital, tandis que je la regardais s'éloigner vers l'arrêt du bus. Ce fut l'un des moments les plus radieux de ma vie.

Alors qu'elle s'éloignait, je réfléchis aux trois dernières semaines de thérapie avec elle. C'était quelqu'un dont j'avais contribué à changer la vie grâce à la thérapie de régression. Je l'avais engagée à un dialogue intérieur avec elle-même par lequel elle avait découvert la vérité cachée et oubliée. Je l'avais ramenée des bords du désespoir et du suicide à une condition stable, pleine d'espoir et confiante en elle. Elle avait choisi de raviver son courage et sa détermination pour continuer vers une vie pleine de sens. Elle avait appris à compter sur elle-même plutôt que d'être influencée par les autres. Elle semblait avoir trouvé une solution pour son problème à un niveau plus élevé que celui où se trouvait le problème.

J'éprouvais un niveau de satisfaction que je n'avais jamais connu durant les trois décades passées dans ma carrière en chirurgie. Avec toutes les maladies que j'avais traitées à l'aide de la chirurgie ou des médicaments, la fierté et la sensation d'accomplissement n'avaient jamais été aussi profonds.

Ses cauchemars étaient tous derrière elle. Elle continua à me tenir au courant des progrès de sa santé et de ses émotions au jour le jour.

Fig. 16 : "Tous les cauchemars sont finis maintenant."

Elle se sentait joyeuse, apaisée et était devenue vraiment heureuse dans sa vie. Elle avait relâché le ressentiment, la haine et l'amertume du refus de pardonner et les avait remplacés par l'amour. L'insomnie n'était plus un problème. Elle profitait d'un sommeil profond et reposant et rattrapait ce qu'elle avait manqué pendant les trois dernières années de sa vie. Cependant, maintenant qu'elle dormait de longues heures, elle commençait à souffrir de douleurs dans le cou !

Petrina était maintenant décidée à progresser vers une vie meilleure. Pendant les quatre jours qui suivirent, alors qu'elle récupérait rapidement, elle s'occupa à emballer ses affaires. Elle réalisa qu'elle possédait beaucoup de choses dont elle n'avait plus besoin. Cela comprenait des robes neuves, qu'elle avait achetéés précédemment mais qu'elle n'avait jamais portées et n'avait pas l'intention de les porter. Elle ne savait pas quoi en faire et se demanda si elle devait les jeter.

Le 18 décembre, tandis qu'elle emballait ses vêtements, elle trouva dans son placard un puzzle de Mickey et Minnie. C'était un cadeau de Noël qu'elle avait acheté en août pour Aaron. Elle l'avait gardé dans sa penderie et l'avait complètement oublié depuis qu'elle avait commencé à être malade. Elle se demandait maintenant ce qu'elle devait en faire. Le jeter ou ne pas le jeter ?

Après mûre réflexion, elle décida d'envoyer le cadeau à Aaron, malgré tout. Puisque l'intention originelle était qu'il lui était destiné, elle pensait qu'il lui appartenait de toutes façons. Ce qui était advenu de leur relation entre-temps était un problème différent et n'avait rien à voir avec l'intention de départ. Elle était prête psychologiquement à accepter l'éventualité qu'Aaron décide de jeter le cadeau. Au moins, en le lui donnant, elle aurait l'opportunité de lui passer le message qu'elle lui destinait au moment où elle l'avait acheté. Après tout, si le cadeau était pour lui, ça n'avait pas de sens de le donner à quelqu'un d'autre.

Elle écrivit une lettre d'explication à Aaron pour lui donner les raisons pour lesquelles elle lui envoyait ce cadeau à ce moment précis. En même temps, elle le remercia de l'avoir aidée à retrouver la mémoire et s'excusa du dérangement et de l'inquiétude qu'elle avait provoqués. Ensuite, elle demanda un service à son ami Bernard – livrer le cadeau au domicile d'Aaron !

"Pourquoi ?" demanda Bernard surpris.

"Pour terminer ce que j'ai commencé," dit-elle d'un ton déterminé. Elle pensait que pardonner signifiait qu'elle n'avait plus à porter le bagage émotionnel de son expérience avec lui. Elle considérait la situation comme un travail inachevé et que son devoir était de mener cette expérience à son terme.

L'idée de pardonner était, dans la conception qu'en avait Petrina, l'équivalent de lâcher-prise des exigences de l'Ego pour aller vers un meilleur futur. Elle voulait vraiment en finir avec toute cette histoire et faire savoir à Aaron qu'elle y avait réussi sans lui faire porter le blâme. Elle pensait qu'il était particulièrement important de le remercier pour l'avoir aidée dans son rétablissement, même s'il avait montré des réticences. Elle ne voulait pas le tenir responsable pour tout ce qu'elle avait vécu et préférait mettre fin à toute cette affaire. Elle était consciente qu'il ne valait mieux pas qu'elle soit vue avec Aaron car ses proches pourraient éventuellement voir cela d'un mauvais oeil. C'est pourquoi, elle s'adressait à son ami Bernard.

"Personne ne ferait une telle chose !" lui dit Bernard exaspéré. "Il t'a fait toutes ces choses pourries et toi à la fin, tu lui envoies quand même un cadeau ! Si j'étais à ta place, je brûlerais le cadeau ou même je brûlerais des billets funéraires pour lui !" Brûler des billets funéraires est une pratique traditionnelle chinoise pour vénérer les morts. Cependant, l'expression est aussi utilisée comme une façon de parler pour exprimer son dégoût à propos de quelqu'un qu'on n'aime pas.

Malgré ses protestations, Bernard finit par accepter de livrer le cadeau de la part de Petrina. Aaron n'était pas chez lui au moment de la livraison, mais reçut le cadeau par l'intermédiaire de son voisin de palier. Petrina fut satisfaite de recevoir une note de remerciements en retour.

A ce jour, Petrina avait travaillé non seulement sur ses souffrances, mais avait également trié et réconcilié ses conflits en cours. Sa personnalité s'était éveillée au potentiel de son âme. Elle avait décidé de se tourner vers un Pouvoir Supérieur pour libérer les schémas négatifs et apprendre par sa propre sagesse.

Le 19 décembre, Petrina accompagna ses parents pour prier dans dix temples chinois différents de la ville. Ce fut une journée très fatigante, mais elle se sentit bien. Parce qu'elle avait passé de précieux moments avec sa famille, ce fut une expérience merveilleuse. Tandis qu'elle laissait l'expérience spirituelle nettoyer la souffrance résiduelle et l'extirper des griffes de la dépression, elle pouvait maintenant choisir l'amour inconditionnel.

Après cette journée bien occupée, elle sut tout à coup ce qu'elle devait faire avec les vêtements dont elle ne voulait plus. Elle décida de les donner aux nécessiteux. La simple idée de faire un don la rendit joyeuse. Elle se dit qu'elle pouvait maintenant aider les autres en plus de se rendre service. Elle avait finalement compris que l'amour guérit tout et que l'amour est une attitude active. Avec l'amour, elle pouvait procurer l'harmonie et un intérêt actif dans le bien-être des autres. C'était une forme d'ideal qui essayait de prendre forme en elle et cela se produisait au moment où elle reconsidérait les notions de thérapie et de développement personnel. La libération d'émotions réprimées et le traitement de ses évanouissements n'étaient plus une fin en soi, mais une série d'étapes dans un processus plus large où elle devenait consciente de son propos dans la vie et où elle éliminait les obstacles vers ce but.

Le jour suivant, elle envoya ses affaires neuves mais inutiles au point de collecte de charité du centre communautaire près de chez elle. Elle ressentit un merveilleux sentiment (Fig. 17). Après quatre jours à faire des paquets, sa chambre était finalement en ordre. Emotionnellement, ce fut un nouveau départ dans sa vie.

Fig. 17 : "C'est un merveilleux sentiment !"

Petrina avait continué à tenir son journal et je pensais que c'était une très bonne habitude qu'elle avait prise. En faisant cela, elle mettait de côté du temps dédié à la réflexion, l'expression de soi et l'évacuation de la pression. En écrivant librement sur ce qui la préoccupait, elle avait découvert qu'elle exprimait des choses auxquelles elle n'avait pas réfléchi auparavant.

Elle pouvait exprimer ouvertement ce qu'elle ressentait intérieurement, ce qui lui permettait de clarifier ce qui aurait pu être un bourbier confus. La tenue du journal avait été son ancre émotionnelle depuis l'enfance, et à chaque entrée qu'elle faisait, elle se souvenait des sentiments et de vieux schémas de comportement dont elle voulait se débarrasser.

C'est à ce moment-là qu'elle commença à partager son expérience de régression en vies passées avec son frère. Elle lui raconta l'histoire de la vie passée qu'elle avait vue sous hypnose. Bien que l'histoire ne montrait pas de lien évident avec les problèmes de sa vie courante, elle avait néanmoins analysé l'histoire en détail et voulu avoir le point de vue de son frère sur les leçons de vie qu'elle pouvait en retirer.

Elle réalisait que bien qu'elle ait connu de nombreux problèmes dans cette vie, elle avait encore beaucoup à apprendre. Après avoir pris du recul sur l'histoire de la vie passée, son frère pensa que la partie concernant la culpabilité semblait suivre une constante. Son échec pour surmonter ses sentiments de culpabilité, suivi de sa tentative de suicide dans la vie courante, était de bien des façons un parallèle avec ce qui s'était passé dans la vie passée. Dans sa vie passée, c'était également la culpabilité résultant du meurtre de l'Impératrice qu'elle avait eu de la difficulté à surmonter. Pareillement, elle avait aussi abouti à un suicide dans la vie passée. Ce fut un dialogue instructif.

"C'est la même chose qui se répète encore et encore et tu n'écoutes pas," commenta son frère. "Tu n'as pas ouvert tes oreilles. C'est comme si tu étais une personne très têtue. C'est comme pour ta culpabilité. Tu sais que ce que tu as fait est en partie bon et en partie mauvais, mais tu ne peux pas surmonter ta culpabilité."

Petrina savait bien que Fabian était un adulte responsable de ses décisions dont il pensait que c'était en partie son devoir et en partie un acte d'héroïsme. Pourtant la culpabilité qu'elle éprouvait d'avoir perdu un ami cher, alors qu'elle-même avait échappé à la mort, était devenue un obstacle handicapant. Elle avait besoin de passer cette barrière avant d'aller plus avant.

Alors qu'ils étaient en pleine discussion, elle se rendit compte soudain que le regard et l'apparence de l'Empereur dans la vie passée étaient très familier ! Ce fut un moment de vérité. Elle réalisa soudain que l'Empereur était quelqu'un qu'elle connaissait et qui était proche d'elle dans la vie courante ! Petrina ressentait toujours des remords à propos de Fabian, qui était mort durant leur tentative de suicide qu'ils avaient plannifiée ensemble. C'était le moment où elle avait perdu tout espoir en la vie après un mariage raté, suivi rapidement par une relation tout aussi ratée. Alors que Fabian était déprimé par la rupture avec son compagnon, elle avait suggéré le plan d'un suicide ensemble.

Maintenant qu'elle avait survécu et pas Fabian, il était difficile pour elle de surmonter la culpabilité d'avoir contribué à sa mort.

Petrina décida de me donner cette révélation importante à la prochaine occasion. Le jour suivant, elle m'appela pour dire qu'elle désirait me voir pour me mettre au courant de ses progrès. J'approuvai son initiative. Elle arriva à la consultation détendue et sereine. Nous eûmes une discussion fascinante.

Fig. 18 : "Je dois passer à autre chose dans ma vie."

Nous repassâmes chronologiquement toute la séquence des évènements de sa maladie en détail, pour finir avec sa relation avec Aaron. Elle me raconta alors comment elle s'était décidée à faire la paix avec ses problèmes, à lâcher prise et à passer à autre chose dans sa vie. Elle me dit alors combien elle était heureuse depuis son progrès soudain de la semaine passée.

"C'est seulement récemment que j'ai réalisé que je n'ai jamais été heureuse avant... jamais, durant mes 25 ans de vie. Je suis aussi heureuse que possible maintenant. Trop de choses me sont déjà arrivées. Alors, je pense que mon choix de faire face est très important. Si je fais face, que je fais une erreur et que je passe à autre chose, alors ma vie sera plus facile... plutôt que d'être incapable de gérer la situation... ce qui a causé tout le traumatisme et la culpabilité."

Ensuite, elle récapitula le traumatisme émotionnel qui avait entouré la partie de la relation avec Aaron qu'elle n'arrivait pas à dépasser. Elle se souvint comment à chaque fois qu'était mentionné le nom d'Aaron, aussi bien consciemment qu'en transe hypnotique lors de la thérapie, ses sentiments de culpabilité refaisaient surface. Chaque fois que cela arrivait, la culpabilité bloquait les souvenirs, déclenchait ses pertes de conscience et la faisaient sortir d'hypnose. Elle estimait que c'étaient les promesses vides d'Aaron qui l'avaient terriblement bouleversée. Cela avait contribué à sa dépression bien plus que ce que Joshua avait fait.

"Je me suis mise dans une situation dans laquelle Joshua m'avait fait beaucoup de promesses vides et ensuite Aaron a fait la même chose. Vous vous souvenez qu'une fois je vous ai raconté qu'Aaron m'avait dit que j'étais la dernière personne à laquelle il ferait du mal !"

"Ce qui veut dire que vous aviez placé de grandes espérances en lui à ce moment-là ?"

"Oui… et ensuite le suicide de Fabian... Tout s'est mélangé. Je n'étais plus très stable à ce moment et j'ai fait une erreur qui a conduit à la mort de Fabian. Rétrospectivement, ça ne valait pas le coup d'avoir une relation avec Aaron. Alors, à cause d'un tel homme j'ai fait une chose stupide, Fabian est mort et j'ai survécu…" elle rit et interrompit sa phrase.

"C'est très surprenant. Je pensais à la chronologie de votre histoire. En effet, c'est un exemple de traumatisme physique et émotionnel, mais la partie de vous qui s'accrochait et n'arrivait pas à s'en sortir était la partie concernant Aaron. Le jour où vous êtes venue à l'hôpital avec lui et où j'ai vu comment vous étiez bouleversée en sa présence, j'ai réalisé qu'il y avait quelque chose de plus profond que ce que je pensais dans votre relation."

"Oh... vous vous souvenez que vous m'avez fait une séance de régression dans une vie passée ? Il faut que vous sachiez que le soi-disant Empereur que j'ai vu dans ma vie passée était en fait Aaron !" Elle rit alors qu'elle me révélait sa dernière découverte.

"Vraiment !" m'exclamai-je étonné. J'en croyais à peine mes oreilles. Je retins mon souffle un instant et me demandais si elle était sérieuse.

"Quand avez-vous réalisé cela ?"

"C'était il y a quelques jours quand j'ai raconté à mon frère ma vie passée ! Pendant la conversation, j'ai soudain réalisé qui était l'Empereur de la vie passée et pourquoi il avait cette emprise sur moi !"

Ce fut une révélation passionante. Une montée d'adrénaline parcourut tout mon corps. Jusqu'à maintenant, je n'avais pas été convaincu que le problème de Petrina avait sa source dans une vie passée. Sa révélation ranima soudain mon intérêt pour sa vie passée. Nous en discutâmes et partîmes du postulat que le lien karmique entre elle et Aaron avait transporté leur travail inachevé d'une vie à l'autre. Finalement, nous en vînmes à la conclusion qu'il serait bien d'explorer sa vie passée plus en détail lors d'une autre séance.

Notre séance se termina vers 17h45, car Petrina avait un rendez-vous avec sa mère pour dîner. Alors que je la regardais s'éloigner vers la station de métro, j'eus soudain la forte impression qu'elle avait un lien karmique complexe avec Aaron et que c'était un noeud qu'elle aurait sérieusement besoin de dénouer tôt ou tard.

Le jour suivant, Petrina était seule chez elle, à écouter le CD de méditation que je lui avais donné auparavant. Une émotion étrange l'envahit. Elle ne savait pas pourquoi, mais elle se sentit en quelque sorte "ligotée" par un sentiment étrange pour lequel elle n'avait aucune explication. C'était comme si des forces étranges étaient à l'oeuvre pour la maintenir attachée, et ces forces concernaient Aaron. Plus tard, elle écrivit :

> **Mercredi 22 décembre**
> ⇨ *22h13*
> *Bien que j'ai oublié Aaron et que je sois passée à autre chose, - euh... je veux dire "pardonné", ça ne veux pas dire "oublié"... - ma déception est toujours là. C'est probablement parce qu'une partie de moi ressent encore de l'amour pour Aaron. Si vous me demandiez : pourquoi ? avec tout ce qu'il t'a fait ! Je n'ai pas d'explication... Mais je pense que si je peux oublier Joshua, je peux oublier Aaron aussi, c'est juste une question de temps. Peut-être j'ai trop investi mes espoirs en Aaron, voilà pourquoi les sentiments sont encore là...*

Tôt le matin suivant, Petrina fut réveillée par un rêve très étrange et dérangeant ! Le même Empereur que dans sa vie passée apparut et lui dit : "Tu avais promis que nous vivrions et vieillirions ensemble dans la vie prochaine, mais tu n'as pas tenu ta promesse. Puisque tu m'as quitté sans ma permission, tu paieras cela dans ta prochaine vie."

Elle se réveilla en sueur. C'était un rêve très net. Sans aucun doute, elle reconnut Aaron en l'Empereur de la vie passée. Son coeur se mit à battre très fort. Comment allait-elle payer cela ?

C'était un rêve effrayant, car il semblait que le problème karmique avec Aaron n'était pas résolu. Etant donné qu'il s'agissait d'un rêve sur sa vie passée, il contenait probablement une explication sur la tenacité de sa relation avec Aaron et la raison pour laquelle elle se trouvait bloquée par le sentiment étrange d'être "ligotée". Bien qu'elle ait déjà trouvé la paix intérieure et une nouvelle liberté, elle était curieuse de savoir comment sa destinée avec Aaron allait finalement évoluer dans sa vie courante. Elle était aussi curieuse de savoir si sa vie passée avec lui était réelle ou s'il s'agissait d'un fantasme psychique. Si le lien karmique existait réellement, que résulterait-t-il de cette connexion ? Tous deux avaient été amants dans leur dernière vie passée et elle l'avait quitté sans tenir sa promesse. Dans la vie actuelle, ils avaient été également amants, mais c'était lui qui l'avait quittée en ne tenant pas sa promesse. Est-ce que c'était la vengeance, ou est-ce que cela faisait partie d'une mésentente relationnelle inachevée entre eux ?

Jeudi 23 décembre
⇨ *2h30*

Bien que j'ai pardonné à Aaron, je pense, je devrais même dire je suis sûre, qu'il ne me recontactera pas. Alors, attendons et voyons ce qui va se passer. On dit que le futur est mystérieux. Alors, je vais attendre et voir le mystère !

Maintenant, bien que j'ai trouvé une nouvelle liberté et que ma vie est bien plus paisible et heureuse, il y a encore une partie de moi qui ne peut pas trouver la paix intérieure absolue. Peut-être, est-ce à cause d'Aaron ? Je n'en sais rien...

La veille de Noël, Petrina fit une sieste dans l'après-midi et fit un autre rêve effrayant. Elle avait des flashes d'images d'elle-même dans la vie passée. Elle rêva nettement d'elle en tant qu'Impératrice Mandchoue vêtue d'une robe de cour de la Dynastie Qing de couleur jaune vif avec le symbole du phoenix brodé dessus. Ce rêve avait une qualité surréaliste qui lui laissa une impression profonde et durable. J'étais quasiment sûr que c'était un signe que son inconscient puisait dans sa vie passée.

Elle se souvint précisément que la robe qu'elle portait n'avait pas de taille. Par dessus la robe, elle avait une veste avec des manches en fer à cheval. Sur sa tête, il y avait une couronne de cour Mandchoue de forme semi-conique et cousue de fils rouges. La couronne était décorée de motifs de faisans dorés, de pierreries et de jade. Un ruban de soie jaune, embelli de joyaux, pendait depuis l'arrière de son col. Le décolleté de sa robe était fait d'un filament d'or et décoré d'ornements de perles et de jade. Il y avait trois sortes de colliers autour de son cou et sur le devant de sa poitrine. Elle portait de surcroît une paire de chaussures mandchoues montées sur des semelles à plateformes élevées.

Fig. 19 : "Quelqu'un qui me ressemblait tout à fait !"

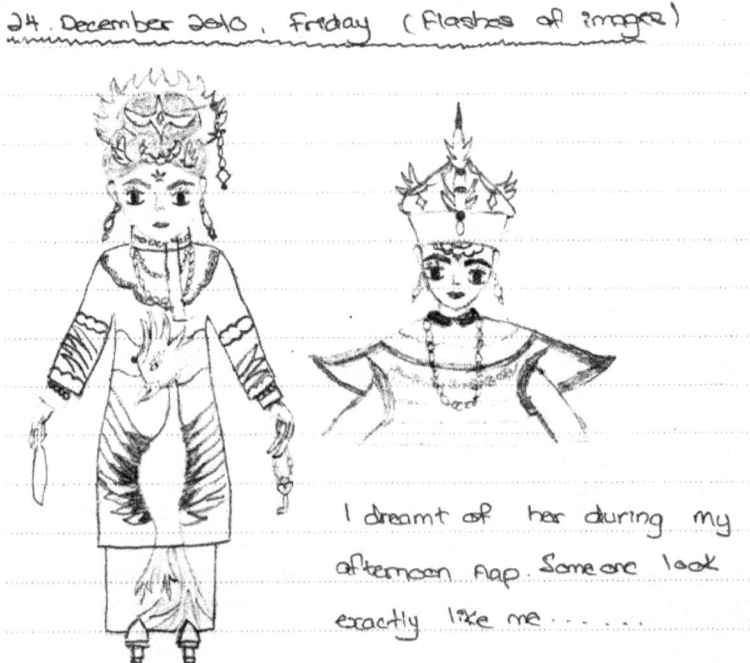

⇨ **Vendredi 24 décembre** *(Flashes d'images)*
Je suis plutôt choquée de voir quelqu'un qui me ressemble habillée de cette façon... Je n'arrive pas à comprendre pourquoi. Est-ce vraiment ma vie passée ? Je n'ai jamais étudié sérieusement l'Histoire, alors je n'ai aucune idée de quelle dynastie il s'agit... Mais la clé dans sa main est un indice... C'est celle que j'ai dessinée au moment où j'avais perdu la mémoire. Quel est le lien ? Qu'est-ce que cela signifie exactement ? Quelle est l'histoire derrière tout ça ? Je n'ai aucune idée... les images sont si claires que je peux même voir au milieu de la forme en coeur, un rubis (la clé). Est-ce que tout cela a réellement existé ?

Lorsqu'elle se réveilla, elle eut le sentiment pénible que le rêve était aussi réel que sa vie courante. Elle prit immédiatement son journal et se dessina en Impératrice dans sa vie passée. Le niveau de détails dont elle se rappelait et qu'elle reproduisit était remarquable. Le dessin avait une qualité artistique qu'elle n'avait pas été capable d'avoir auparavant et ce fut incroyable pour elle.

"Je n'arrive pas à dessiner... et je ne comprends pas comment j'ai pu dessiner ça." Petrina se mit à rire quand elle me montra les dessins de l'Impératrice (Fig. 19) dans son journal. Quand je vis les dessins pour la première fois, je fus d'accord avec elle qu'il n'était pas facile de reproduire tous ces détails à partir d'un rêve.

"En ce qui concerne le dragon, je n'ai jamais pu finir le dessin avant. Jamais, jusque-là je n'avais réussi à faire un tel dessin... pas une seule fois," répétait-elle. "Lorsque j'étais au collège, on nous avait donné le projet de dessiner ce genre de chose, et je n'avais jamais pu terminer. Maintenant je me demande comment j'ai pu dessiner ça." Elle examina son propre travail encore une fois avec étonnement.

Je n'avais jamais eu de doutes que le genre de rêve qu'avait fait Petrina étaient des rêves liés à sa vie passée. Ce genre de rêve étaient connus pour leur réalisme. Au travers de la thérapie de régression, elle avait déjà commencé à accroître sa prise de conscience spirituelle et j'étais convaincu que ces rêves pouvaient être une façon harmonieuse de se libérer de son karma.

De manière générale, les rêves karmiques sont faits pour amener au premier plan de notre conscience des problèmes de vies passées qui n'ont pas été résolus. C'est pourquoi, je considérais que rêver de sa vie passée était une bonne chose pour elle, car elle avait vraiment voulu changer les circonstances de sa vie courante. Je réfléchis sur tout ça. Peut-être faudrait-il, pour que ces changements se produisent, guérir les blocages liés à sa vie passée.

Ma compréhension de l'intégration d'une vie passée est qu'il s'agit d'un processus d'individualisation qui va au delà du souvenir de la vie passée. L'identification avec la personnalité d'une vie passée a un impact sur notre développement personnel et a tendance à se superposer à la trame de notre vie courante. Une intégration réussie d'une vie passée doit non seulement enrichir notre vie courante, mais aussi ouvrir notre coeur avec de la compassion pour autrui.

Dans le rêve de Petrina, elle portait la même clé avec un anneau en forme de coeur qu'elle avait dessinée auparavant en plusieurs occasions. Les images étaient si claires qu'elle pouvait visualiser la clé dans sa main gauche, avec le rubis au milieu de l'anneau en forme de coeur. Le rêve et les images étaient si réels qu'ils avaient imprimé une mémoire en Pétrina pour les jours et les semaines suivantes.

*****

Quatre jours plus tard, l'image de l'Empereur de sa vie passée était encore vive et claire dans l'esprit de Petrina. Elle décida de la reproduire dans son journal (Fig. 20). L'Empereur portait une robe jaune avec un dragon. Il ressemblait exactement à Aaron. Sur le devant de sa robe était brodé une grosse tête de dragon. Le corps du dragon avec ses épines dorsales et ses écailles était enroulé autour de la robe. De même, les manches étaient en forme de fer à cheval. Il portait une couronne royale au sommet arrondi avec un rebord retourné vers le haut. Le joyau du sommet était constitué de quatre perles empilées avec une grosse perle orientale posée tout en haut.

***Fig. 20** : "L'Empereur, mon époux dans ma vie passée, ressemble exactement à Aaron"*

"L'Empereur, mon époux dans ma vie passée, ressemble exactement à Aaron," écrivit Petrina dans son journal après avoir fait les dessins. "Je ne peux pas m'empêcher de me demander si je pense trop ou bien si il y a une partie de moi qui n'est toujours pas capable de lâcher prise de cette relation usée..."

Ce qui n'avait pas encore été résolu était le problème de la *clé*. Cette clé existait-elle vraiment dans sa vie passée ou était-elle juste un message symbolique ? Selon Petrina, elle pouvait voir vraiment que la clé était en or et à part le rubis se trouvant dans le centre de l'anneau, la chaine de la clé était faite d'un rang de perles. Quel était le lien karmique entre toutes ces choses, s'il y en avait un ?

Chapitre Quatorze
Le lien clé

Lorsque quelqu'un a intuitivement une forte connection, le Boudhisme suggère que c'est à cause du karma, une connection liée au passé.

– Richard Gere

Pour la première fois, Petrina passa Noël et le Jour de l'An seule. Ce fut un peu bizarre. Bien que Joshua et elle n'étaient plus aussi proches que lorsqu'ils venaient de se marier, ils avaient toujours passé Noël ensemble jusqu'à ce qu'ils se séparent. Cependant, cette année le sentiment d'être "seule à la maison" lui rappela ses sentiments récents de vide (Fig. 8) et d'impuissance.

⇨ *Samedi 25 décembre*
Cette année, je suis toute seule, pas vraiment habituée à cela. Je suppose que ça va prendre du temps pour s'adapter à la situation. En fait je pense que personne n'aime être seul... Avoir un compagnon pour communiquer est toujours une bonne chose. Dommage ! Pour moi, la bonne personne n'est pas encore arrivée, ou peut-être qu'elle n'existe pas. Mais, être seule a un bon côté, car on n'a pas à se justifier vis-à-vis de son partenaire, quand on a envie de sortir. Je peux faire ce que je veux... bien sûr, ça va avec un sentiment de solitude... c'est inévitable.

Petrina devait reprendre son travail le lundi 27 décembre, après les fêtes de Noël. Son expérience face à la maladie durant le mois passé était inoubliable. Le processus pour retrouver ses souvenirs réprimés alors qu'elle était en dépression, était en lui même un traumatisme majeur. Elle avait continué à lâcher prise consciemment de la douleur accumulée - la douleur qui était associée à sa relation avec Aaron. Elle savait que c'était le moyen par lequel elle avait appris à se pardonner et à pardonner aux autres. Bien que le pardon ait libéré beaucoup de sa tension intérieure, elle découvrit en même temps qu'après avoir lâché prise, elle commença à avoir des difficultés à faire confiance aux autres.

⇨ *Dimanche 26 décembre*

Maintenant que je regarde en arrière, c'est comme si je lisais un livre. Bien que j'ai appris à considérer les choses de manière plus positive, j'ai l'impression qu'en ce qui concerne Aaron, mes attentes étaient tellement fortes qu'il y a encore une partie de moi qui n'arrive pas à lâcher prise. Bien que la déception soit évidente, je me rends compte que l'amour est aveugle. Quelle que soit la déception que j'éprouve vis-à-vis d'Aaron, j'arrive encore à lui pardonner. Au moins maintenant, je ne vais plus me casser la tête à me demander pourquoi il a fait cela.

Pour moi, c'est fini et je passe à autre chose, c'est ça le plus important, je crois. Si j'ai pu oublier Joshua, je peux oublier Aaron également. Puisque la blessure est encore là, ce que je peux faire maintenant, c'est de garder mon coeur fermé jusqu'à ce que la blessure se cicatrise. Au fur et à mesure que le temps va passer, Aaron ne va plus m'affecter. Entre Tristesse et Heureuse, je choisis d'être heureuse et de laisser la nature reprendre ses droits.

A chaque nouvelle semaine qui passait, une couche d'angoisse s'en allait, alors que Petrina se rapprochait de son soi authentique. De temps en temps, elle ressentait que quelque chose manquait et qu'elle devait chercher des réponses. Pourtant, tandis qu'elle cherchait, elle avait à surmonter ses peurs, parmi lesquelles sa peur de l'abandon.

Pour son premier jour de retour au travail, elle eut l'air beaucoup plus calme et confiante par comparaison à l'époque qui avait précédé son hospitalisation. Plusieurs de ses collègues furent étonnés de son rétablissement rapide et spectaculaire. Quelques uns d'entre eux furent amicaux envers elle, tandis que d'autres doutaient de sa capacité à reprendre le travail. Le département des Ressources Humaines avait reçu mon assurance qu'elle était en condition physique de retourner au travail. Néanmoins ils furent prudents avant de lui déléguer certaines tâches. Ils changèrent le circuit de reporting en ce qui la concernait. On lui demanda donc de rendre compte directement à son directeur, plutôt qu'à sa précédente responsable, Shirlene. Ceci évita le stress de l'environnement précédent. Puis, ils limitèrent ses responsabilités à l'enregistrement des patients et la dispensèrent de la facturation. Même si l'intention était louable, le résultat fut qu'elle s'ennuya.

Plus tard ce jour-là, on lui demanda de réfléchir à un changement de poste. Deux options lui furent proposées : prendre un poste d'assistante administrative pour saisir des données informatiques, ou bien travailler sur un poste équivalent en aidant des patients internationaux en consultation privée. Petrina accepta la deuxième option pour quelque temps, car ce travail était mieux payé et lui permettrait d'avoir plus de temps pour poursuivre ses études le soir.

Son nouveau responsable, à l'opposé de la précédente, était très agréable et obligeant. Elle fut surprise lorsqu'il appela plusieurs établissements pour demander s'ils avaient des offres d'emploi pour elle. Malgré cela, elle se rendit compte qu'elle avait beaucoup de mal à faire confiance à un homme à présent.

Le 30 décembre, Petrina eut un troisième rêve karmique. Elle rêva qu'elle était dans une pièce sombre et entendit quelqu'un lui demander : "Est-ce que tu attends Aaron ? La *clé* est avec lui..."

La seule mention de la *clé* la perturba. Elle avait dessiné la clé dans trois de ses précédents dessins dans son journal (Fig. 6, 7 et 15) et deux fois comme faisant partie de ses rêves karmiques (Fig. 9 et 19). Jusqu'à présent, elle n'avait aucune idée de pourquoi et comment elle avait fait ces dessins. Le fait qu'elle continuait à les dessiner de manière inconsciente suggérait qu'elle avait à travailler sur un lien karmique fort avec Aaron.

⇨ *Jeudi 30 décembre*
Encore la clé ! Aaron est maintenant devenu un fantôme qui me hante sans arrêt ! Sans aucun doute, j'ai encore des sentiments pour lui, mais je n'arrive pas à comprendre pourquoi après ce qu'il m'a fait, le lien avec lui est toujours aussi fort...

Après avoir eu des rêves répétitifs de vies passées, Petrina fut un peu envahie de curiosité au sujet de son destin commun avec Aaron. Elle décida de se rendre à une consultation de voyance au Temple Bugis Guanyin situé Waterloo Street. Ce temple était un endroit réputé pour la divination et il s'y trouvait toujours beaucoup de touristes et de visiteurs locaux. D'après la légende, les voeux faits ici se réalisaient souvent.

En entrant dans le temple, elle alluma des bâtons d'encens, pria et posa silencieusement une question : "Est-ce terminé entre nous ? (Elle-même et Aaron)

Puis, elle prit dans ses mains la boîte de "qian", les bâtons de divination en bambou. Elle secoua la boîte jusqu'à ce qu'un bâton de bambou tombe avec un numéro. Elle alla chercher le message sur l'étagère correspondant au numéro et obtint une feuille d'interprétation avec un verset en caractères chinois. Elle porta cette feuille au devin du temple et lui demanda son aide pour comprendre ce qui était écrit sur le billet.

"Un travail inachevé va être fait," lui dit l'augure, assis à une table, après avoir lu et interprété le texte.

Petrina fut un peu surprise et ne savait pas quoi dire ! Qu'est-ce qu'était exactement ce travail inachevé ? Et le résultat en serait-il positif ?

*****

Petrina prit un rendez-vous avec moi le 5 janvier 2011. Nous discutâmes de ce qui la tracassait et fûmes d'accord pour explorer plus avant ses vies passées. J'avais l'intention de travailler à nouveau en régression dans les vies passées, pour avoir une compréhension avancée de son problème.

Elle arriva à 15h30 d'humeur joyeuse comme d'habitude. Elle était encore d'apparence sereine et radieuse. Elle portait son uniforme de travail, un chemisier à fleurs, une veste turquoise, une jupe bleu marine et des chaussures noires. Elle me salua chaleureusement et nous amorçâmes rapidement un dialogue intéressant.

Elle était franche et réaliste en ce qui concernait son processus de rétablissement. Plus important, les perspectives de sa vie avaient changé. "Bien sûr, je ne peux pas m'améliorer d'un jour à l'autre. Ce n'est pas possible. Bien que la confiance soit morte entre Aaron et moi, je crois néanmoins que je peux le garder comme ami que je veux aider... d'une certaine façon, j'aimerais qu'il sache qu'il a blessé quelqu'un et que ce serait bien de ne pas recommencer. Ainsi, indirectement, je rends à la société ce que j'ai reçu."

J'aimais la façon dont elle envisageait les choses de manière positive. Bien que ses progrès aient été remarquables, il y avait encore quelques rides dans ce qui avait été autrefois pour elle, une piscine à remous. Globalement, ses résultats étaient remarquables. Au contraire des médicaments, l'hypnothérapie n'avait pas fait que supprimer ses symptômes, mais avait libéré, lors d'une catharsis, les émotions qu'elle avait accumulées. Tous ses symptômes les plus importants s'étaient alors dissipés d'eux-mêmes. Nous nous sentions tous les deux très fiers de sa réussite.

Pour cette deuxième séance en vies passées, je n'avais pas besoin d'utiliser une induction longue. Ses émotions étaient fortement focalisées sur l'image de la *clé*, et je décidai d'utiliser les émotions autour de la *clé* comme pont affectif. Pour cette séance, j'avais aussi l'intention de lui faire examiner pendant la régression, chaque pensée, émotion ou sensation corporelle intense.

"Fermez les yeux et prenez trois respirations profondes... Concentrez votre attention sur l'image de la clé... Observez si des émotions se présentent."

Petrina fut rapidement en transe.

"Je suis protégée..." murmura-t-elle doucement.

"Concentrez-vous maintenant sur ce sentiment de protection et souvenez-vous d'une autre fois où vous avez ressenti la même chose. Laissez ce sentiment vous ramener à une vie passée où vous avez ressenti les mêmes sentiments de protection."

"Je suis dans un jardin," murmura-t-elle encore. "Il y a des rivières... et beaucoup de soldats autour," commença-t-elle à décrire.

"Regardez-vous. Quel costume portez-vous ?" J'essayais de l'incarner dans sa vie passée.

"Je vois un phoenix sur mon habit."

"Qui êtes-vous dans cette vie passée ?"

"Je suis l'Impératrice." Il n'y avait aucun doute ; elle était de retour dans la même vie passée dans la Dynastie Qing, qu'elle avait expérimentée auparavant.

"Quel age avez-vous ?"

"26 ans," dit-elle après une hésitation.

"Regardez vos pieds et décrivez-moi ce que vous portez."

"C'est très serré..." elle cherchait ses mots et puis s'arrêta.
"Est-ce que vous portez quelque chose sur la tête ?" Je l'encourageai à parler.
"Oui, un chapeau... très lourd... il y a des fleurs... couleur or"
"De quelle couleur est votre robe ?"
"Rouge, noire et or."
"Y-a-t-il quelqu'un d'autre près de vous ?"
"La servante. Elle verse le thé. Nous attendons... L'Empereur revient."
"Est-il déjà là ?" demandai-je après avoir attendu un moment.
"Non."
"Mais vous savez qu'il revient ?"
"Oui..." elle prit une pause, puis continua. "Le corps mort d'un tigre blanc... C'est un corps mort envoyé par l'Empereur."

Je fus surpris de cette description. Le tigre blanc est traditionnellement connu en Chine en tant qu'animal surnaturel. On considère qu'il préside sur le quadrant Ouest du ciel dans la métaphysique chinoise. Il est un symbole de force et de pouvoir. Je me demandais quelle était l'importance de ce tigre blanc dans son histoire de vie passée.

"Que voyez-vous d'autre ?"
"La *clé* est accrochée au cou du tigre." Elle continuait à me surprendre.
"Décrivez-moi la clé." Je voulais savoir s'il s'agissait de la même clé qui avait eu un impact sur sa vie.
"Couleur or… avec un rubis au centre." Cela ressemblait à la description précédente.
"Qu'ont dit les soldats à propos du cadavre du tigre ?"
"C'est un cadeau de l'Empereur." Il y eut un silence. Je sentais qu'il se passait plus de choses qu'elle ne me décrivait.

Il s'avéra que Petrina était profondément concentrée sur la vision d'un rituel impérial qui était en train de se dérouler. Le tigre blanc était allongé sur une table très longue, couverte d'un tissu jaune. Des objets en or étaient posés autour du tigre. Ces objets étaient des porte-bougies en forme de fleur de lotus. Neuf bougies bien en évidence brûlaient. Des dates étaient gravées sur les bougies et se trouvaient également sur les peintures murales du site de cérémonie. Les dates étaient écrites en caractères chinois traditionnels qu'elle ne comprenait pas. Cependant, sur l'une des bougies, elle put lire des caractères signifiant le huitième mois (八月). Un prêtre était en train de prier. Sur la table se trouvaient un bol de vin et une bassine d'eau avec un couteau placé juste à côté. En face d'elle sur la table se trouvaient deux coupes à vin spéciales, une avec un dragon gravé et l'autre avec un phoenix. Toutes ces images étaient très claires et réalistes.

"Que s'est-il passé ensuite, après que vous ayez vu la clé ?"

"L'Empereur est de retour."

"Décrivez-moi l'Empereur."

"Il est grand, très bronzé... Oh ! Il ressemble exactement à Aaron !"

Apparemment le rituel qui était en train de se dérouler était une cérémonie d'union et de déclaration d'amour éternel entre l'Empereur et elle-même en tant que nouvelle Impératrice. L'Empereur prit le couteau, incisa son doigt et laissa une goutte de sang tomber dans le bol qui contenait du vin mélangé à de l'eau. Ensuite, il versa une partie du contenu sur la clé et versa le reste dans les deux coupes spéciales. Ensuite, l'Empereur et elle prirent chacun une coupe et burent ensemble en se jurant un amour éternel.

"Je veux que vous demandiez à l'Empereur pourquoi la clé se trouve accrochée au cou du tigre."

"C'est lui qui l'y a mise. C'est une protection pour moi. Il a dit que c'était la clé de notre vie entière. La clé va me protéger et je serai à ses côtés jusqu'à qu'il meure."

"Que renssentez-vous quand vous entendez cela ?"

"Ça me touche."

"Quelles pensées accompagnent cette émotion ?"

"Je me sens coupable."

"Pour quelle raison ?"

"J'ai tué l'Impératrice."

"Que se passe-t-il ensuite ?"

"L'Empereur a pris la clé du cou du tigre et a demandé à une servante de la nettoyer. Ensuite, il m'a fait parvenir la clé dans une une boîte. C'est une boîte en bois."

Je me souvins qu'elle avait précédemment dessiné cette boîte deux fois dans son journal (Fig. 6 et 7) mais sans en connaître la signification à ce moment-là.

"Dites m'en plus à propos de cette boîte."

"Il y a une lettre dans la boîte. Elle dit que la clé est un gage d'amour. C'est la clé de son coeur et du mien... J'ai accepté la clé."

"Après cela, que s'est-il passé ?"

Il y eut une pause avant que l'histoire continue.

"L'Empereur est venu. Il dit qu'il est fatigué. Je l'aide à se mettre au lit... l'Empereur dort. Je ne peux pas dormir. Alors je lave les jambes et les pieds de l'Empereur. Après cela, je m'endors."

"Avancez jusqu'au moment ou vous vous réveillez et dites-moi ce qui se passe."

"L'Empereur m'a envoyé de nombreux médecins... je suis enceinte. Ils ont prescrit beaucoup de médicaments."

"A quelle moment de la grossesse êtes-vous ?"

"Trois mois."

"Que se passe-t-il ensuite ?"

"J'ai des cauchemars parce que j'ai tué l'Impératrice."

"Que se passe-t-il après que vous ayez eu des cauchemars ?"

"Je me suicide."

"Dites-moi comment vous vous suicidez."

"Je me pends." A nouveau, l'histoire était consistante avec sa précédente régression.

"A quel moment de la grossesse êtes-vous quand vous vous pendez ?"

"Trois moi et demi."

"Où êtes-vous maintenant ? Etes-vous toujours dans votre corps ou l'avez-vous quitté ?"

"Je l'ai quitté."

"Avez-vous pris toutes les énergies qui étaient dans votre corps ?"

"Oui."

"Bien, maintenant je veux que vous vous rendiez dans la dimension spirituelle et que vous parliez à votre guide spirituel... Dites-moi si vous pouvez voir votre guide spirituel maintenant."

"Oui."

"Pouvez-vous demander à votre guide quelle est la signification de la clé ?"

"Il sourit... L'Empereur m'aime."

"Pouvez-vous lui demander quel est le lien entre la clé de cette vie passée et la clé dans votre vie courante ?"

"C'est une promesse. J'ai promis à l'Empereur que je vieillirais à ses côtés."

"Maintenant, vous allez rencontrer l'Empereur dans la dimension spirituelle, au compte de trois. Un, deux, trois... Est-il là maintenant ?"

Avec des techniques empruntées au psychodrame, j'essayais de l'encourager au dialogue avec les autres personnages de cette vie passée, de façon à ce qu'une nouvelle compréhension soit trouvée.

"Oui."

"Y-a-t-il quelque chose que vous voudriez dire à l'Empereur que vous n'avez pas eu l'opportunité de dire lorsque vous étiez vivante ?" Je suscitais le dialogue de façons à ce que d'éventuelles excuses puissent être faites à ce moment pour dissiper la culpabilité.

"Je m'excuse. Il dit que je vais devoir me racheter."

"Demandez lui comment il envisage que vous vous rachetiez ?"

"Il viendra à moi."

"Comment va-t-il venir à vous ? Et quand ?"

"Il ne me répond pas."

"Y-a-t-il quelque chose d'autre que vous voulez dire à l'Empereur avant de partir ?"

"Ça n'est pas terminé. Je l'aime beaucoup."

"Est-ce que l'Empereur a quelque chose à vous dire avant que vous ne partiez ?"

"Il dit qu'il me verra dans ma prochaine vie."

"Maintenant, voudriez-vous rencontrer dans la dimension spirituelle l'Impératrice que vous avez tuée ?" Je pensais pouvoir l'encourager à résoudre tous ses problèmes d'un coup.

"Non," s'exclama-t-elle.

"Pouvez-vous demander une dernière fois à votre guide spirituel : 'Y-a-t-il un comportement répétitif dans cette vie passée qui s'est renouvelé dans votre vie courante?'"

"Il dit que je suis têtue !"

Après cela, je sortis Petrina de la transe. Au moment où elle émergeait, elle confirma qu'Aaron était bien l'Empereur de la vie passée.

J'avais reconstitué la scène de mort de sa vie passée aussi loin que c'était possible, parce que c'était l'évènement psychologique qui avait le plus de poids sur son bien-être dans sa vie présente. A l'occasion d'une mort horrible comme la pendaison, je m'attendais à ce qu'elle soit morte de manière inachevée, sans dire au-revoir à ceux qu'elle aimait. Toutes les émotions négatives qui l'occupaient au moment de sa mort, y compris la culpabilité, la peur et le ressentiment, pouvaient être restés collés à son âme et avoir voyagé intacts jusqu'à sa vie courante. Je pensais que revivre le moment de la mort aurait pu fournir une occasion d'inverser bien des effets négatifs. Cependant, l'entêtement faisait barrage.

"Quoi qu'il en soit, cette séance de vie passée est à propos de la *clé* et de son lien avec les deux vies. Il s'agit plus d'un serment que nous nous sommes fait avec l'Empereur," dit-elle après avoir émergé.

A présent Petrina avait une image claire de ce qu'était le lien karmique et comment il l'avait affectée. La *clé* avait montré la direction vers une origine du problème dans sa vie passée. Ce qui n'était pas dit, c'est qu'elle pointait également dans la direction de changements futurs dans sa relation avec Aaron.

"Avec ce serment, je peux comprendre l'affinité qui existe entre nous. Ce qui me fait du souci, c'est s'il va encore venir me hanter dans le futur !" Elle rit. Je pensai que son souci était légitime.

Petrina était capable de parler librement d'Aaron maintenant. "Il est l'homme le plus horrible que j'ai jamais rencontré," gloussa-t-elle. "En fait, il est bien pire que Joshua. Au moins Joshua a du cran et assume la responsabilité de ce qu'il fait, mais Aaron a tout fait et repousse la responsabilité vers les autres." Elle rit à nouveau.

"Quoi qu'il en soit, c'est terminé..." continua-t-elle timidement. "Un adulte qui n'assume pas ce qu'il a fait !" dit-elle calmement, sans aucun signe d'agitation. Je m'étais attendu à ce qu'elle soit prête à pardonner à Aaron et que cela marque la fin de son travail inachevé. Mais, bien que la relation fût terminée, l'amour n'était peut-être pas mort.

Elle quitta la consulation cet après-midi en ayant l'air d'avoir énormément aimé sa séance de thérapie de vie passée.

Chapitre Quinze

La transformation

> *Si tu veux réduire quelque chose,*
> *Tu dois avant lui permettre de grandir.*
> *Si tu veux te débarrasser de quelque chose,*
> *Tu dois avant lui permettre de s'épanouir.*
> *Si tu veux prendre quelque chose,*
> *Tu dois avant permettre qu'elle soit donnée.*
> *Ceci se nomme la perception subtile*
> *de la façon dont sont les choses.*
> *– Tao Te Ching*

Les symptômes de Petrina avaient complètement disparu à présent. Pour ses collègues et amis, il était de plus en plus évident qu'elle avait progressé au-delà de l'étape initiale de rétablissement. Le changement total de personnage avait surpris tout le monde comme soudain, rapide et étonnant.

Elle n'avait plus de rêves de vies passées depuis la dernière régression. De plus, elle n'avait plus de visions spontanées de l'image de la clé. Tout semblait montrer que ses liens karmiques avec Aaron s'étaient dissipés au point qu'ils ne semblaient plus la déranger au niveau inconscient.

Elle était maintenant constamment radieuse et attractive dans ses relations sociales avec les autres. Ses collègues de travail étaient de plus en plus attirés vers elle. Même les auxiliaires de santé plus âgés à la Consultation Ophtalmologique l'invitaient chaleureusement à se joindre à leur pause cigarette et à leurs conversations au moment du déjeuner. Elle se joignait volontiers à eux.

Son image passée était celle d'une petite fille timide et introvertie qui gardait tout pour elle. Après être sortie de l'hôpital, sa personnalité n'avait plus jamais été la même. Avant, lorsque quelqu'un était grossier à son égard, elle répondait avec colère et quand les choses n'allaient pas dans son sens, elle était très rapidement frustrée. A présent, son attitude spontanée et ses manières extraverties lui permettaient de gérer les clients difficiles à la réception sans aucun souci.

Dans le passé, Petrina était très consciente de son manque d'assurance. Elle m'avait parlé un jour de la pyramide des besoins de Maslow et m'avait dit à quel point elle était restée bloquée au niveau "sécurité" de la pyramide pendant un certain temps. Elle s'était demandé comment elle pourrait jamais donner un sens de sécurité à sa propre famille. Elle avait alors eut la mauvaise idée de se marier jeune, comme solution à ce problème. Elle pensait qu'en se mariant, quelqu'un lui donnerait la sécurité dont elle avait besoin. Elle rit lorsqu'elle se souvint comment elle avait géré sa vie auparavant.

Maintenant, elle voyait les choses différemment. Elle admettait que c'était une erreur de s'être mariée jeune. Ce qu'elle recherchait dans le mariage était la sécurité et elle avait payé le prix fort pour apprendre qu'elle ne s'y était jamais trouvée. Paradoxalement, maintenant qu'elle était divorcée, elle se sentait tout à fait en sécurité. Elle pouvait être heureuse à présent. Elle n'avait jamais eu l'occasion de faire l'expérience de la sécurité et du bonheur dans le passé, mais maintenant, elle les avait tous les deux.

"Avoir une famille est une bénédiction," dit-elle joyeusement. "Beaucoup de gens n'ont pas de famille... Toujours la même chose – contente toi de ce que tu as et tu seras heureux."

Prudemment, je soulevai à nouveau le sujet de ses sentiments envers Aaron. Je voulais être sûr qu'elle ne gardait pas de sentiments négatifs résiduels envers cet homme.

"Non, pas du tout. Pourquoi voudrais-je prolonger le karma ?" dit-elle calmement. "C'est un cycle, et je vois que le cycle progresse de manière circulaire. Si je ne suis pas celle qui rompt ce cycle, peut-être que mes enfants dans le futur..." elle prit une pause, avec une touche de tristesse dans la voix. "Il se peut que j'aie ou ou que je n'aie pas d'enfants dans le futur, car mon gynécologue a dit que j'avais eu trop d'avortements, mais ils pourraient souffrir si le cycle karmique continuait."

J'étais impressionné. Sa façon de penser s'était élevée. Il était évident qu'elle avait fait un chemin pour sortir de la dépression et qu'elle était maintenant connectée à quelque chose qui l'avait touchée et transformée. Je me souvins de notre rencontre le 24 novembre, alors qu'elle était bourrée de culpabilité. Maintenant, elle avait la capacité d'utiliser le pardon comme antidote à la culpabilité qui avait obscurci sa vision du monde. Elle était à présent capable de s'ouvrir à ceux qu'elle avait rejetés autrefois. J'avais l'impression que j'avais beaucoup à apprendre d'elle.

Petrina revint à ma consultation le 13 janvier. Elle poursuivit ses progrès cliniques et sa paix intérieure resplendissait. Elle avait coupé tous ses liens avec Aaron. Je sentais que nous arriverions très bientôt à la fin de sa thérapie. A présent, elle était capable de mettre toutes ses blessures et difficultés derrière elle. Cependant, je voulais faire une dernière séance pour lui éviter de commettre les mêmes erreurs dans le futur. De plus, une répétition de la régression dans la même vie passée permettrait de découvrir des détails que nous n'avions pas vu dans les séances précédentes, ce qui renforcerait sa guérison intérieure.

Elle alla rapidement en transe alors que je la guidais avec une induction hypnotique. Il fut également rapide de l'amener à la même vie passée. Sa position corporelle se relâcha alors que ses longs cheveux noirs se répandirent sur le coussin.

Petrina retourna en arrière au moment où elle était l'Impératrice de Chine durant la Dynastie Qing. Elle pouvait à nouveau très clairement identifier Aaron dans le rôle de l'Empereur. La même clé qui ne cessait d'apparaître dans ses rêves et ses dessins, pendait autour de son cou.

"Je suis avec l'Empereur à un rassemblement de la cour," murmura-t-elle.

"De quoi est-il question ?" demandais-je.

"Il y a une sècheresse. L'Empereur envoie des gens pour aider sur place."

"Quel est votre rôle dans cette affaire ?" demandais-je.

"J'aide la personne responsable à préparer et envoyer des rations alimentaires aux victimes. Egalement... j'envoie des médecins pour aider."

Plus tard, Petrina me donna l'indication que l'Empereur enleva la clé de son propre cou pour la placer autour du cou de Petrina, avant qu'ils ne partent en voyage.

"Que se passe-t-il ensuite ?"

"Je vais avec l'Empereur en ville. Il veut voir comment les gens vivent..."

"Il y a une foule de mendiants et je me sens mal pour eux," continua-t-elle. "L'Empereur donne des ordres pour faire construire des maisons pour eux. Le temps est trop chaud... je me suis évanouie... Nous retournons à l'auberge... et les médecins viennent..."

"Qu'ont dit les médecins à propos de vos évanouissements ?"

"Je suis enceinte... 5 semaines... Nous retournons au palais. L'Empereur apporte de nombreux cadeaux."

"Quels sont vos sentiments au moment où vous apprenez que vous attendez un enfant ?"

"Je suis perdue… "

"Que faites-vous ensuite ?"

"Je me repose... Je prends des remontants... J'ai des nausées... L'Empereur est heureux. Il me rend visite tous les jours. Les gens du palais préparent la venue du bébé... Je suis enceinte de deux mois maintenant... Je ne suis pas heureuse... Je ne suis pas prête à être une mère."

"Que s'est-il passé quand vous avez pensé que vous n'étiez pas prête ?"

"Je garde ça pour moi... Je commence à déprimer... Je rêve de l'Impératrice précédente et je me sens coupable. Tout ça continue pendant un mois, et à la fin je me suicide... Je ne mérite pas d'être heureuse, car j'ai tué l'Impératrice."

Elle se rendit alors au moment de sa mort et s'assura qu'elle avait pris toute son énergie avec elle. Je l'amenai dans la dimension spirituelle pour qu'elle rencontre son guide spirituel et lui demande quelle était la leçon à apprendre de cette vie passée.

"Passer à autre chose," dit-elle.

"Demandez à votre guide, s'il y a un schéma répétitif entre la vie passée et votre vie courante."

"Têtue."

"Je voudrais que vous rencontriez la dernière Impératrice dans la dimension spirituelle. Est-ce qu'elle est présente ?"

"Oui."

"Est-ce que vous la reconnaissez comme quelqu'un qui est dans votre vie courante ?" demandai-je prudemment, espérant recueillir un indice important.

"Non," répondit-elle fermement.

"Parlez-lui et dites-lui ce que vous n'avez pas eu l'occasion de lui dire quand vous étiez vivante."

Il y eut un silence.

"Est-ce qu'elle veut vous dire quelque chose ?"

"C'est ton châtiment…"

"Que veut-elle dire par châtiment ?"

"Aaron."

"Qu'est ce que cela signifie ?" J'étais curieux.

"Je ne sais pas…"

"Vous voulez lui dire quelque chose ?"

"Non," dit-elle obstinément.

"Que ressentez-vous maintenant pour elle ?"
"Je ne lui dois rien," répliqua-t-elle.
"L'Empereur a-t-il quelque chose à vous dire ?"
"Il dit que ça n'est pas terminé."
"Demandez-lui ce qu'il veut dire."
"Il dit : 'Si je ne peux pas t'avoir dans cette vie, tu es à moi dans la prochaine vie.'"
"Comment répondez-vous quand vous entendez cela ?"
"N'importe quoi !" Il y avait de la méfiance dans sa voix.
"Maintenant... y-a-t-il quelque chose que vous souhaitez lui dire avant de partir ?"
"Non."
"Je voudrais que vous alliez à la rencontre du bébé qui n'est pas né, au compte de trois. Voyez-vous le bébé maintenant ?"
"Oui."
"Avez-vous quelque chose à lui dire ?"
"Désolée…"
"Voulez-vous le tenir dans vos bras avant de partir ?"
"Non."
"Etes-vous désolée pour lui ?"
"Oui."
"Ne voulez-vous pas le tenir dans vos bras ?"
"Non. Je ne veux pas."

"Au compte de trois je vais vous demander de quitter la dimension spirituelle et de vous rendre dans un endroit de guérison." Après cela, je laissai Petrina s'immerger dans l'énergie de guérison de l'endroit où elle s'était rendue, avant de la sortir de transe.

Elle émergea paisiblement. Elle avait l'air calme, en possession de ses moyens et me sourit rapidement après avoir ouvert les yeux. Après qu'elle se fut levée du divan, elle arriva à la conclusion que son lien karmique avec Aaron n'était pas entièrement coupé. Cependant, j'avais l'impression que, quoi qu'il se passe ensuite, cela n'amènerait ni à une réconciliation, ni à la bouleverser de manière significative.

Dans les jours qui suivirent, la vie de Petrina retourna à la normale. Elle me donnait des nouvelles moins fréquemment maintenant. Elle avait retrouvé ses amis et s'amusait beaucoup après le travail. Elle avait aussi rouvert son compte Facebook de façon à réactiver son réseau social.

Le 27 janvier, je reçus soudainement un message émotionnel de Petrina. Elle avait fait une découverte en allant sur Facebook. Elle avait regardé la page d'Aaron et découvert quelque chose qui l'avait secouée !

Apparemment Aaron avait rencontré une personne appelée Cordelia et ils avaient noué une relation sérieuse depuis le 25 décembre 2009. Cordelia travaillait dans une banque et sa relation avec Aaron avait démarré quelque sept mois avant qu'Aaron et Petrina commencent à sortir ensemble.

Ce fut un autre moment de vérité, mais un moment bouleversant !

Petrina eut des difficultés initiales à gérer la peine que cela lui avait fait. Elle avait toujours eu horreur des mensonges et le fait qu'on lui mente était pire encore dans les relations amoureuses. Aaron avait déjà rompu une promesse qu'il lui avait faite et l'avait vraiment blessée. Cette nouvelle découverte donna lieu à plusieurs questions : Aaron n'avait-il jamais été sérieux à propos de leur relation ? Ses parents s'étaient-ils réellement opposés à leur relation ? Et s'ils l'avaient fait, quelle était la vraie raison de la rupture ? Ou était-ce parce qu'il n'avait jamais réussi à abandonner Cordelia ?

Il n'y avait pas moyen pour elle d'obtenir des réponses. Elle se rendit sur la page Facebook de Cordelia pour tâcher d'en savoir plus. Alors que la photo du profil apparut sur l'écran, elle se sentit mal à l'aise et eut l'impression d'être hantée elle - les sourcils fins, la courbe du nez, le menton pointu et l'allure très expressive. Tandis qu'elle fixait la photo et se permit d'aller au delà de l'apparence, un éclair de familiarité surgit dans tout son corps. Elle devait rencontrer cette femme !

Elle fixa un rendez-vous à Cordelia et put à peine en croire ses yeux quand elle fut assise en face d'elle. Ce fut une reconnaissance ahurissante – Cordelia était l'Impératrice qu'elle avait rencontrée dans sa vie passée, tandis qu'elle-même était une concubine impériale ! Cette familiarité soudaine la secoua des pieds à la tête et elle prit une minute pour absorber ce qu'elle était en train de réaliser.

Les pièces du puzzle karmique étaient toutes là et se mirent en place parfaitement. Cette femme, qu'elle avait tant haïe dans sa vie passée, était de retour. Aaron et son Impératrice de vie passée étaient revenus la hanter dans sa vie courante ! Ce fut un moment d'émotion et un choc troublant ! Son histoire de vie passée était rejouée dans sa vie courante, mais avec un script modifié. Cela lui brisait le coeur.

Durant les deux jours qui suivirent, elle réfléchit à la situation. Puis elle se demanda plusieurs fois : pourquoi ne devrais-je pas accepter ce qui s'est passé ? Pourquoi ne puis-je pas utiliser le pardon comme antidote à ce qui a obscurci ma vie il y a longtemps ? Pourquoi me définir par tous ces évènements ?

Progressivement, elle s'apaisa.

Samedi 29 Janvier
⇨ *12h13*

Si Aaron peut me trahir une fois, il peut aussi refaire cela avec elle... De même que nous avons accumulé trop de drames Aaron et moi dans le passé, et bien qu'ils soient tous les deux ensemble, je pense qu'il se souviendra tout de même qu'il me doit beaucoup et cela restera profondément dans son coeur. Au final, Cordelia va sentir la pression... Je me sens désolée pour elle, exactement comme je me sentais dans ma vie passée.

Les régressions dans les vies passées avaient rendu sa valeur à Petrina, mais plus important, elles avaient permis une guérison substantielle. Son coeur était plus bienveillant qu'avant. Cependant, l'expérince du travail inachevé qu'elle transportait d'une vie à l'autre s'était intensifiée après qu'elle ait rencontré Cordelia. Ceci l'avait plutôt bouleversée.

Après quelque temps, elle finit par prendre conscience : si elle avait tué cette femme dans une vie passée et que maintenant, elle était de retour dans sa vie courante et enchevêtrée dans la même triangle amoureux, était-elle destinée à répéter un schéma de vie passée maintenant, y-avait-il moyen de changer le cycle karmique ?

Samedi 29 janvier
⇨ *19h38*

Je sens une émotion très forte... C'est assez difficile de dire ce qui s'est passé entre nous trois, mais c'est un choc, comme si les choses se répétaient de la même façon qu'elles se sont déroulées dans la vie passée.

Je fus inquiet que le symptômes de Petrina puissent revenir avec ce nouveau développement. Cependant, cela n'arriva pas. Comme dans tout chemin d'évolution personnelle, elle devait franchir des obstacles, des dangers et des difficultés, mais cela ne l'avait pas empêchée d'aller de l'avant. Sa forte conscience d'elle-même l'avait sauvée. Elle avait compris que son choix ultime était de progresser ou de trahir tout le potentiel qu'elle avait.

Les jours passèrent. Elle n'eut pas d'évanouissements, ni n'entendit les voix qui la hantaient autrefois. Elle resta calme et la raison domina. Elle accepta la réalité comme un "accueil" qu'elle aurait accordé à sa conscience d'elle-même. Il ne lui fallut pas longtemps pour décider de couper son attachement psychique avec Aaron grâce à son libre arbitre. Elle voulait passer à autre chose dans sa vie, sans regarder en arrière.

"Vous pouvez être sûr que je vais bien," m'écrivit-elle joyeusement. "Les gens disent que le temps guérit tout, n'est-ce pas ? Rien n'est impossible tant que j'ai décidé de passer à autre chose... Aaron ne fait absolument pas partie de ma vie future..."

*****

Dans l'intervalle de temps, le service des Ressources Humaines, n'avait pas trouvé de nouveau poste convenant à Petrina. Elle n'avait pas non plus envie de stagner dans son travail actuel. Elle voulait avancer dans ses études et trouver un nouveau job qui lui permettrait d'étudier le soir.

Petrina chercha activement d'autres opportunités dans le secteur privé. Finalement, après plusieurs entretiens, elle fut embauchée comme assistante de consultation à un salaire plus élevé, dans une centre de gynécologie sur Orchard Road. Son dernier jour de travail fut le 14 février 2011, et elle fut heureuse de m'en informer.

"Pourquoi une consultation gynécologique ?" demandai-je. Avec son historique de trois avortements émotionnellement perturbants, je redoutais que ses émotions négatives se déclenchent à nouveau.

"Pas de souci," me répondit-elle. "Je suis préparée à faire face et à accepter mon passé ; c'est pourquoi j'ai choisi de travailler dans une consultation gynécologique... Je médite toujours quotidiennement. Donc, je n'ai pas de stress, ni de sentiments instables."

Epilogue

Trois mois ont passé depuis que Petrina a commencé son chemin de transformation (Fig. 21). Maintenant, elle recommence à vivre, comme une personne différente, dans un style différent. Elle s'amuse beaucoup en soirée, avec son groupe et a tendance à rentrer tard à la maison.

Fig. 21 : Le chemin de transformation

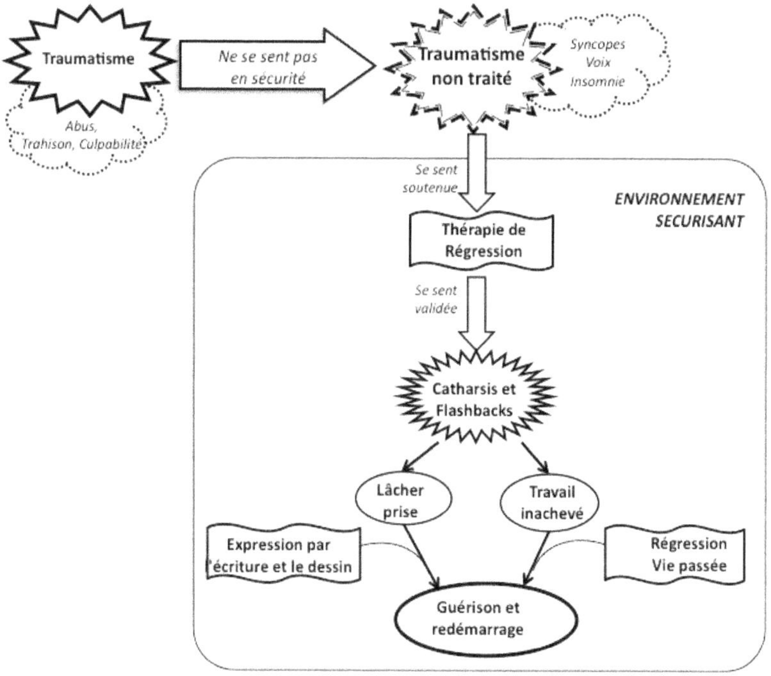

Elle aime beaucoup son nouveau travail d'assistante clinique et a depuis trouvé l'harmonie intérieure. Son responsable est très amical, prend soin de ses employés et lui a délégué la charge de s'occuper de la comptabilité de la consultation, ainsi que toutes les matières financières. Elle s'entend très bien avec ses deux autres collègues et apprécie l'environnement de travail agréable et convivial.

Le jour où elle m'a encouragé à mettre par écrit l'histoire de sa maladie et de sa guérison est un jour de joie pour moi. Elle a trouvé le sens et la direction de sa vie. Elle a terminé le travail inachevé et mis un terme aux problèmes. Cependant, elle n'a pas oublié Fabian.

Le 13 mars 2011 est le jour du 28ème anniversaire de Fabian, mais malheureusement, il n'est plus là pour le célébrer. Petrina se sent très triste ce jour-là. A l'origine, ils devaient faire un voyage ensemble. C'était un petit voyage dans le but de célébrer l'anniversaire de Fabian et elle n'a pas oublié depuis. Ce jour-là, elle est bouleversée. Elle est submergée par un sentiment de culpabilité et elle n'arrive pas à trouver la paix intérieure.

Elle pleure beaucoup, chez elle. Après avoir libéré ses émotions, elle se sent mieux et lui écrit un texte qu'elle lui dédie.

13 mars, Joyeux Anniversaire à mon cher ami qui est décédé l'année dernière.... J'ai beaucoup de choses à te dire... Fabian. Joyeux Anniversaire ! Je regrette de ne pas avoir pu rattraper mes erreurs passées... et mon coeur me fait mal depuis... Trop de choses malheureuses sont arrivées, y compris la faute irréparable que j'ai commise. Mon souhait est que tu puisses sentir mes remords du Paradis... Désormais, je chérirai ma personne et ma vie encore plus, pour ne pas te décevoir.

Avec ce message spécial de sa part, elle a pu mettre un terme à la culpabilité persistante qui l'avait dérangée.

Appendice

Lorsqu'on lit l'histoire d'un(e) patient(e) qui connaît des émotions en montagnes russes et une myriade de symptômes, on a souvent tendance à se perdre dans les détails et perdre de vue la vision d'ensemble.

Le schéma ci-dessous a pour but d'organiser la chronologie des différents symptômes et évènements sur une ligne du temps simple pour montrer les progrès cliniques de Petrina durant la période relativement courte où elle a suivi une thérapie intensive. Il est important de noter la soudaineté avec laquelle ses symptômes ont cessé. Cependant, les rêves karmiques ont persisté durant la phase de guérison. Ceux-ci ont fortement indiqué un lien avec une vie passée comme racine des problèmes de sa vie courante.

Fig. 22 : Charte des progrès cliniques

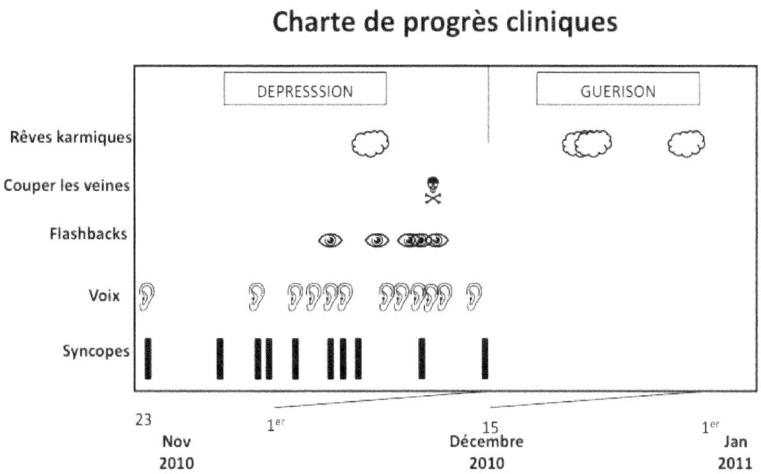

Glossaire

Acouphènes – perception de son à l'intérieur de l'oreille en l'absence d'un son extérieur. Le symptôme est souvent décrit par le patient comme une "sonnerie".

Alprazolam – médicament puissant à effet de courte durée de la famille des benzodiazepines, souvent commercialisé sous la marque Xanax. Il est utilisé pour traiter les angoisses sévères et les attaques de panique.

Amnésie – perte d'un bloc important de souvenirs inter-connectés.

Catalepsie – force, rigidité et immobilité. Cela fait référence à la rigidification du corps ou d'une partie spécifique du corps, comme un membre, qui peut être induite par l'hypnose. C'est une caractéristique de l'état de transe.

Catharsis – terme souvent utilisé en psychothérapie pour indiquer un état extrême de libération émotionnelle. Le mot vient du Grec et signifie "nettoyage" ou "purge". Aristote utilisait ce terme pour décrire les émotions expérimentées par les personnages d'une pièce de théâtre ou induites sur l'audience qui assiste à une tragédie. L'expérience de nettoyage qui s'ensuivait était considérée comme ayant un effet correctif ou thérapeutique. En hypnose et en thérapie de régression, le terme est utilisé pour décrire l'expérience d'émotions profondes associées aux évènements pénibles situés dans le passé du patient.

Chimiothérapie – fait référence à l'utilisation de médicaments anticancéreux pour traiter les cellules cancéreuses. Cela fait aussi référence à la combinaison de médicaments cytotoxiques utilisés dans un traitement contre le cancer.

Déméter – déesse grecque de la moisson, qui contrôlait les saisons et protégeait la sainteté du mariage. L'histoire dit que sa fille fut enlevée par Hadès, le dieu des enfers. La vie s'immobilisa tandis que Déméter, désespérée, errait sur Terre nuit et jour, à la recherche de sa fille perdue.

Déni – mécanisme de défense complexe qui implique que l'individu ne reconnaisse pas un problème pour éviter à son esprit la réalité d'une expérience traumatique. Lorsque le déni interfère avec une action rationnelle destinée à guérir de la blessure, il devient une forme d'inadaptation.

Dissociation – terme inventé par le neurologiste Pierre Janet, qui a articulé pour la première fois le principe clinique des souvenirs traumatiques comme cause sous-jacente des troubles dissociatifs. Il décrivit l'amnésie comme le signe essentiel de la dissociation et expliqua que les expériences traumatiques chargées émotionnellement et non intégrées menaient à la dissociation et pouvaient influencer la vie intérieure et les relations du patient. Ces souvenirs sont habituellement accessibles sous hypnose.

Divination – vient du mot Latin *divinare,* qui veut dire "prévoir". Elle est une tentative d'obtenir des informations ou la réponse à une question par l'intermédiaire d'un rite.

EEG – abréviation du mot électro-encéphalogramme. Il constitue une carte de l'activité électrique spontanée du cerveau, enregistrée à l'aide d'électrodes posées sur le cuir chevelu.

Enfant intérieur – concept en psychologie analytique qui se rapporte à la partie enfantine du psychisme d'une personne. C'est cette partie de nous qui est vivante, énergétique, créative et comblée. Elle peut aussi être considérée comme une sous-personnalité. Souvent le terme se rapporte à la mémoire émotionnelle et aux expériences stockées dans l'inconscient et est utilisé pour traiter les évènements subjectifs de l'enfance.

Flashback – souvenir récurrent involontaire, dans lequel une personne fait l'expérience soudaine et puissante d'un moment passé. C'est habituellement une expérience personnelle qui surgit dans l'esprit de la personne sans aucune tentative volontaire de recherche. Il s'agit souvent d'un évènement traumatisant.

Hallucinations auditives – fait référence au fait d'entendre des voix qui n'ont pas de source physique. Le mot "hallucination" vient du Latin et signifie "errer mentalement". Bien que le symptôme soit associé communément à la schizophrénie et les troubles bipolaires, on comprend actuellement que sa source physiologique est que le cerveau n'arrive pas à activer les zones contrôlant le discours interne. Il se passe alors une confusion entre le discours "entendu" et le discours "interne". Quand la distinction entre le discours réel et le discours perçu n'existe plus, la voix intérieure du sujet apparaît étrangère. Ce qui est dit prend alors la qualité d'une voix étrangère qui parle au sujet.

Hypnagogique – L'état hypnagogique est un état intermédiaire entre la veille et le sommeil. A ce moment, certaines personnes font l'expérience d'hallucinations visuelles et auditives.

Hypnose – interaction dans laquelle le patient répond aux suggestions du thérapeute. Son utilisation a été promue par le Dr Elliotson, le médecin qui a introduit le stéthoscope en Angleterre. Le terme hypnose est dérivé du mot *neuro-hypnotism* (sommeil nerveux) inventé par le chirurgien écossais James Braid aux environs de 1841. Braid pensait que la suggestion hypnotique était à la base de la guérison. Durant la première Guerre Mondiale, alors qu'il y eut de très nombreux cas de traumatismes, Ernst Simmel, un psychanaliste allemand, utilisa l'hypnose pour traiter la névrose consécutive à la guerre. La fusion entre hypnose et psychanalyse joua un rôle important dans le traitement du traumatisme de guerre pendant la deuxième Guerre Mondiale. Après la deuxième Guerre Mondiale le Dr Milton Erickson a apporté la clarification selon laquelle l'hypnose était en réalité un état de concentration focalisée du mental en relaxation, dans lequel nous entrons tous spontanément et fréquemment.

Insomnie – se réfère aux difficultés qu'un individu a pour s'endormir et rester endormi.

Karma – signifie "action" ou "faire" et est utilisé particulièrement pour les actions qui naissent dans l'intention d'un individu non éveillé. Le Karma est la loi de cause morale. Il explique la cause de l'inégalité qui existe dans l'humanité. L'inégalité n'est pas attribuée seulement à l'hérédité et l'environnement, mais aussi au résultat de nos actions passées et présentes. Il nous rappelle que nous sommes responsables pour notre propre bonheur ou malheur.

Lot – fait référence à un faisceau de bâtons de bambou destinés à la divination, que l'on jette d'une boîte pour décider de la réponse à une question avec l'aide du hasard. Un seul bâton de bambou avec le numéro du LOT correspondant indiquera la réponse à la question.

Malaise vasovagal – évanouissement provoqué par le nerf vague du cerveau. Il est causé soit (i) par une chute du rythme cardiaque conduisant à une réduction de l'activité cardiaque ou (ii) une vasodilation périphérique suivie d'une chute de tension artérielle conduisant à l'évanouissement.

Méditation – fait référence à la pratique par laquelle un individu se met lui même dans un mode de conscience propice à l'atteinte du calme et de la paix. Le mot *méditer* vient de la racine latine *meditatio*, qui veut dire réfléchir. En état méditatif, l'individu fait l'expérience de la relaxation, de la concentration et d'un état modifié de conscience. Il correspond à l'état de conscience alpha sur les électro-encéphalogrammes.

Nordazepam – dérivé de la benzodiazepine dérivative et un métabolite actif du diazepam commercialisé sous la marque Nordaz. Il a des propriétés anxiolytiques, décontractant musculaire et sédatives, et est utilisé essentiellement dans le traitement de l'anxiété.

Périple du héros – concept archétypal qui décrit les épreuves et tribulations d'un individu qui doit faire face à des épreuves difficiles pour récolter le fruit de son travail. Ce concept est issu de la mythologie comparative dans laquelle le "héros" se trouve dans le monde ordinaire et est appelé à démarrer son périple en entrant dans un monde inhabituel où se passent des choses étranges. Une fois embarqué sur son périple, il relève des défis et résout des problèmes difficiles, souvent seul. Au sommet du suspense, le héros surmonte un défi extrêmement difficile, grâce à l'aide qu'il a obtenue en chemin. Il acquiert alors un cadeau/talent qui l'aide à découvrir la connaissance de soi et à améliorer le monde à son retour.

Pharmacothérapie – traitement de maladies et désordres à l'aide de médicaments.

Pont émotionnel – technique utilisée couramment en thérapie de régression. La technique crée un pont entre le ressenti émotionnel et la cause se trouvant à la racine d'un problème présenté par le patient. Quand le patient présente son problème sous la forme d'une émotion ou d'un sentiment, le thérapeute conduit le patient en transe et amène son inconscient à se rendre au moment où l'émotion a été ressentie pour la première fois. Cela a pour effet de retourner à l'évènement initial qui a provoqué le problème.

Psychothérapie – traitement des troubles psychologiques à l'aide d'une gamme de techniques psychologiques comme la psychanalyse, la thérapie de groupe ou la thérapie du comportement.

Pyramide de Maslow – outil de motivation modélisé par Abraham Maslow dans les années 1950. Nous sommes tous motivés par des besoins et Maslow explique comment ces besoins nous motivent tous. Il dit que seulement quand les besoins les plus bas dans la hiérarchie - plan physique et émotionnel - sont satisfaits, alors nous nous intéressons aux besoins les plus élevés - influence et développement personnel.

Régression – le mot signifie retourner à un état antérieur ou un état moins évolué. Dans le contexte psychanalytique, il se réfère au retour vers un état chronologiquement antérieur ou un schéma de comportement moins adapté. La thérapie de régression est un traitement basé sur l'hypothèse que tout ce que l'individu a connu contient une certaine quantité d'émotions qui sont enregistrées dans l'inconscient.

Régression dans une vie passée – technique utilisée pour retrouver les souvenirs de vies passées, que l'on entreprend dans un cadre psychothérapeutique. Elle implique que le patient réponde à une série de questions sous transe hypnotique, pour révéler son identité et les évènements de la vie passée. Le fait de revivre la vie passée et le recadrage de l'expérience de la vie passée aident souvent à guérir.

Reiki – le mot est constitué de deux mots japonais : "Rei" qui veut dire Sagesse Supérieure et "Ki" qui est l'Energie Universelle.

C'est une technique de guérison administrée par l'imposition des mains pour activer les processus naturels de guérison dans le corps du patient. Il est basé sur le concept qu'une force de vie invisible circule de l'Univers à travers le chakra couronne du praticien et est transmis par les paumes de ses mains. Il s'agit d'une ancienne technique de guérison Bouddhiste tibétaine qui a été redécouverte par le Dr Mikao Usui en 1922 et redéveloppée pour un usage à plus large échelle.

Rêve de vie passée – est habituellement très précis par nature. A la différence des rêves ordinaires, les rêves de vie passée contiennent beaucoup de détails historiques, peuvent ressembler à des cauchemars récurrents et le rêveur n'arrive pas à changer la séquence d'évènements, quelque soient ses efforts pour y parvenir. Ces rêves expliquent souvent des habitudes étranges ou des comportements inhabituels. Ils montrent l'origine des problèmes émotionnels ou spirituels du patient.

Scanner médical – technique d'imagerie spécialisée qui produit des images "par coupes" du cerveau. Elle emploie l'analyse tomographique assistée par ordinateur. Le scanner médical du cerveau est utilisé pour détecter les tumeurs, les infarctus du cerveau, les traumatismes, hémorragies et calcifications.

Somnambulisme – état hypnotique profond dans lequel le patient est en possession de tous ses sens, mais ne se souvient de rien ensuite.

Test d'inclinaison – procédure médicale utilisée pour trouver la cause de syncopes. Elle consiste à installer le patient en l'allongeant sur une table plate spéciale tandis qu'il est connecté à un appareil d'électrocardiogramme et que l'on mesure sa pression sanguine. La table le fait alors changer de position, de couché à debout.

Test de réponses cutanées sympathiques – test simple et non invasif pour vérifier le fonctionnement du système nerveux sympathique. Il comprend la mesure de potentiel électrique généré dans les glandes sudoripares.

Thérapie – vient du mot Grec *therapeia*, qui veut dire guérison. Dans le contexte médical il se rapporte au traitement d'une maladie. Quand le mot est utilisé hors contexte, il est souvent compris comme un synonyme de psychothérapie.

Thérapie des parties – c'est une des techniques utilisées en hypnothérapie pour la résolution de conflits. Elle est basée sur le concept que la personnalité d'un individu est composée d'un certain nombre de sous-personnalités, ou "parties". Ces différentes sous-catégories de la personnalité jouent chacune un rôle différent dans le psychisme. Dans un état hypnotique profond, le thérapeute peut parler à chacune de ces "parties" et le patient peut résoudre son conflit intérieur en émergeant de la transe hypnotique.

Troisième oeil – se réfère à la capacité naturelle de l'être humain de faire l'expérience d'imagerie mentale. Au niveau médical, on a observé sur les IRM que le corps géniculé latéral et le cortex visuel sont activés durant les exercices d'imagerie mentale.

Bibliographie

Churchill, R., *Regression Hypnotherapy – Transcripts of Transformation,* **Transforming Press, 2002.** Ce livre contient du matériel éducatif et la transcription intégrale de séances de thérapie de régression, pour différentes consultations telles que phobies, deuil, manque de confiance en soi, sabotage de soi-même, relations difficiles, relations abusives et peur de l'abandon. C'est un excellent guide pour les débutants mais également utile pour les thérapeutes expérimentés. Non traduit en Français.

Engel, B., *The Emotionally Abused Woman – Overcoming Destructive Patterns and Reclaiming Yourself,* **Fawcett Books, 1992.** Une psychothérapeute met par écrit son expérience émotionnelle blessée et a rédigé un merveilleux livre sur la compréhension des schémas de comportements destructeurs tant du point de vue de l'abuseur émotionnel que de l'abusé, ainsi que sur la manière de briser ce cycle pour guérir. Non traduit en Français.

Gordon, J.S., *Unstuck – Your Guide to the Seven-Stage Journey out of Depression,* **Penguin Books, 2008.** Un psychiatre de réputation internationale, et pionnier de la médecine intégrative expose ses idées sur l'utilisation des médicaments en psychiatrie biologique moderne et sa méthode alternative pour aider les patients à sortir de dépression à l'aide d'une approche non basée sur les médicaments. Non traduit en Français.

LaBay, M.L., *Past Life Regression – A Guide for Practitioners,* **Trafford Publishing, 2004.** Une lecture facile de la pratique de la thérapie de régression dans les vies passées qui incorpore des histoires de la vie personnelle et professionnelle de l'auteur qui mêle techniques d'hypnothérapie et philosophie, intuition et vies passées pour provoquer une évolution et une transformation chez ses patients. Non traduit en Français.

Lucas, W.B., *Regression Therapy – A Handbook for Professionals. Vols. I & II,* **Book Solid Press, 1992.** Les deux volumes sont un classique. C'est un travail fait par de multiples auteurs sur la thérapie de régression compilé par un psychologue professionnel et analyste jungien. Le volume I se concentre sur la thérapie de régression dans les vies passées tandis que le volume II traite d'expériences prénatales, de naissance, les traumatismes et la mort dans l'enfance. Non traduit en Français.

Schwartz, R., *Your Soul's Plan,* **Frog Books, 2007.** Une excellente exploration en profondeur des raisons pour lesquelles nous nous incarnons, choisissons nos parents, et nos leçons de vie au travers de dix cas passionnants. Non traduit en Français.

Ten Dam, H., *Deep Healing,* **Tasso, 1996.** Techniques de thérapie de régression utilisées par Hans, qui est un des pionniers en la matière. Hans a formé des étudiants en Hollande, au Brésil et internationalement depuis 20 ans. Non traduit en Français.

Tomlinson, A., *Healing the Eternal Soul,* **From the Heart Press, 2012.** Une référence absolue dans le domaine de la thérapie de régression. Andy relate en détail sa riche expérience et illustre ses idées et techniques de cas concrets. C'est un livre fondamental pour tout praticien en thérapie de régression et qui captivera tout lecteur intéressé en la matière. Disponible en Français courant 2014

Tomlinson, A., *Exploring the Eternal Soul,* **From the Heart Press, 2012.** Andy conduit le lecteur au-delà de l'expérience de la mort et donne une explication extensive et détaillée à propos de la thérapie de régression de Vie entre les Vies. Le contenu est structuré de manière à ce qu'il soit facile de suivre et de comprendre ce qui se passe. C'est un livre vivement recommandé pour comprendre nos choix de vie, mais également pour lecteurs curieux de savoir ce qui se passe après la mort. Disponible en Français courant 2015

Tomlinson, A. (ed), *Transforming the Eternal Soul*, From the Heart Press, 2011. Ecrit comme suite à *Healing the Eternal Soul*, ce livre est bourré de cas éclairants et spécialisé dans les techniques de thérapie de régression. Il inclue : valorisation du client ; travailler avec des clients difficiles ; régression spirituelle dans l'enfant intérieur ; nettoyage des énergies lourdes ; utilisation des cristaux dans la thérapie de régression ; et thérapie d'intégration dans la vie courante du client. Non traduit en Français.

Whitfield, C.L., *Memory and Abuse – Remembering and Healing the Effects of Trauma*, Health Communications Inc., 1995. L'auteur est un psychothérapeute connu et pionnier dans l'aide aux personnes dans des situations de violence et traumatismes familiaux. Il partage sa connaissance et son expérience avec ceux qui sont dans la profession d'aider leurs patients à guérir. Non traduit en Français.

Whitfield, C.L., *Healing the Child Within*, Health Communications Inc., 2006. Ceci est un des premiers livres à explorer et définir le concept et les principes sous-jacents au traitement de l'"Enfant Intérieur" basé sur les observations de l'auteur du processus de guérison de ceux de ses patients qui on été traumatisés durant leur enfance. Traduit en Français sous le titre : "L'Enfant Intérieur"

Woolger, R.J., *Other Lives, Other Selves – A Jungian Psychotherapist Discovers Past Lives,* **Bantam Books, 1988.** Un livre fascinant qui présente des idées originales dans le domaine émergeant de la psychologie de la réincarnation. L'ouvrage puise à la fois dans la science occidentale et dans la spiritualité orientale pour expliquer comment les vies passées peuvent constituer une base de transformation et de guérison de nos vies. Traduit en Français sous le titre : "A la recherche de nos vies antérieures"

Woolger, R.J., *Healing Your Past Lives,* **Sounds True Inc., 2004.** Ce livre court fournit une série de cas intéressants qui illustre le pouvoir de découvrir des vies passées dans le processus de guérison. Il donne une perspective sur le fait que les symptômes dans la vie courante pourraient être liés à ce qui s'est passé dans une vie passée et des souvenirs figés. Il donne aussi aux lecteurs une clé pour résoudre les mystères et questions avec lesquelles ils luttent dans leur vie courante. Non traduit en Français.

Worthington Jr., E.L., *Forgiving and Reconciling – Bridges to Wholeness and Hope,* **InterVarsity Press, 2003.** Un psychologue et conseiller a écrit un livre merveilleux sur les caractéristiques du pardon et les étapes pratiques pour parvenir au pardon et à la réconciliation. La sagesse du livre vient à la fois de la recherche scientifique et de l'expérience de l'auteur du meurtre de sa mère. Non traduit en Français.

Associations de Thérapie de Régression

Society of Medical Advance and Research with Regression Therapy (SMAR-RT)
Groupe international de chercheurs dirigés par des médecins qui ont en commun la vision de promouvoir l'intégration des approches complémentaires et holistiques à la médecine. Ce groupe conduit des recherches médicales en utilisant la thérapie de régression et encourage l'utilisation de la thérapie de régression auprès de la profession médicale et d'un public plus large. Au travers de ses recherches, il contribue également à améliorer l'efficacité de la thérapie de régression.
Site internet : http://www.smar-rt.com

Spiritual Regression Therapy Association (SRTA) –
Association internationale de thérapeutes en régression qui respectent la nature spirituelle de leur clients. Fondée par Andy Tomlinson, les thérapeutes référencés sont formés professionnellement par l'*Académie de Régression en Vies Passées* aux normes internationales et travaillent selon un code de déontologie qui respecte le bien-être de leurs clients.
Site internet : http://www.spiritual-regression-therapy-association.com

Earth Association of Regression Therapy (EARTh) –
Association mondiale indépendante qui a l'objectif de créer et maintenir une norme internationale en thérapie de régression et d'améliorer et élargir sa reconnaissance professionnelle. Chaque

été, elle organise une série d'ateliers pour assurer la formation continue des professionnels dans ce domaine. Le site internet contient une liste des organisations de formation en thérapie de régression qui sont accréditées internationalement.
Site internet : http://www.earth-association.org

International Board of Regression Therapy (IBRT) – Conseil indépendant de contrôle et certification de thérapeutes en régression de vies passées, chercheurs et programmes de formation. Sa mission est d'établir des normes professionnelles pour les thérapeutes en régression et les organisations. Le site internet contient une liste des organisations de formation en thérapie de régression qui sont accréditées internationalement.
Site internet : http://www.ibrt.org

A propos de l'Auteur

Le Dr Peter Mack est diplômé en Médecine de l'Université de Singapour et s'est spécialisé dans le domaine de la chirurgie générale. Il a fait son internat au Royal College of Surgeons d'Edimbourg et au College of Physicians and Surgeons de Glasgow au Royaume-Uni. Il pratique à l'Hôpital Général de Singapour et a de nombreuses autres qualifications. Il a obtenu un doctorat (PhD) en Science Médicale de l'Université de Lund en Suède, et trois autres Mastères, en Administration des Affaires, en Economie de la Santé et en Education Médicale. Durant les années de pratique médicale, il s'est particulièrement intéressé à l'Hypnothérapie Clinique et a obtenu un diplôme de la National Guild of Hypnotists (NGH), International Medical and Dental Hypnotherapy Association (IMDHA) et la International Association of Counselors and Therapists (IACT). Il est également diplômé en Thérapie de Régression de la Past Life Regression Academy (PLRA).

Pour contacter l'auteur, écrire à : dr02162h@yahoo.com.sg

Autres livres du même auteur

Life Changing Moments in Inner Healing

Ce livre est d'une lecture très agréable et décrit quatre patients qui avaient de nombreux symptômes incluant, insomnie, cauchemars, phobie de l'eau et des serpents, procrastination, rage, pertes de mémoire, peur du succès, peur de parler en public et douleurs inexplicables. Revivre et faire recadrer leurs vies passées sous transe hypnotique leur permirent de comprendre leur vie spirituelle et de guérir. Il n'est pas traduit en Français.

"Les histoires de vies passées sont très intéressantes et fascinantes, en fait, addictives." – Wendy Yeung, *Thérapeute Holistique*

"Un livre étonnant, un merveilleux cadeau pour l'humanité et d'une lecture passionante !" – Andy Tomlinson, auteur de *'Healing the Eternal Soul.'*

www.ingramcontent.com/pod-product-compliance
Lightning Source LLC
Chambersburg PA
CBHW052019290426
44112CB00014B/2297